DR. OETKER

PARTY SUPPEN

SALSA-SUPPE, RATATOUILLE-SUPPE, FISCHSOLJANKA...

Dr. Oetker Verlag

Vorwort

Was wäre eine Party ohne Suppe? Ob leichte Cremesüppchen als Vorspeise, kräftige Eintöpfe zum Sattessen oder überraschende Mitternachts-Schmankerl – Suppen gehören zu einer gelungenen Feier einfach dazu.

Wir haben wieder für jeden Geschmack und Anlass etwas dabei, Rezepte aus aller Herren Länder für leckere Suppen und Eintöpfe mit oder ohne Fleisch, mit Fisch oder mit Schuss. Ihre Gäste werden begeistert ihre Teller leer löffeln.

Und wer noch immer meint, dass Suppen nur im Winter schmecken, der hat unsere pfiffigen Rezepte noch nicht ausprobiert.

Abkürzungen

EL	= Esslöffel
TL	= Teelöffel
Msp.	= Messerspitze
Pck.	= Packung/Päckchen
g	= Gramm
kg	= Kilogramm
ml	= Milliliter
l	= Liter
Min.	= Minuten
Std.	= Stunden
evtl.	= eventuell
geh.	= gehäuft
gestr.	= gestrichen
TK	= Tiefkühlprodukt
°C	= Grad Celsius
Ø	= Durchmesser
E	= Eiweiß
F	= Fett
Kh	= Kohlenhydrate
kcal	= Kilokalorien
kJ	= Kilojoule

Hinweise zu den Rezepten

Die Rezepte sind – wenn nicht anders angegeben – für 8–10 Personen berechnet.

Lesen Sie vor der Zubereitung das Rezept einmal vollständig durch. Oft werden Arbeitsabläufe oder -zusammenhänge dann klarer.

Die in den Rezepten angegebenen Gartemperaturen und -zeiten sind Richtwerte, die je nach individueller Hitzeleistung des Herdes (Backofens) über- oder unterschritten werden können. Beachten Sie bei Gasherden die Gebrauchsanweisung des Herstellers.

Zubereitungszeiten

Die Zubereitungszeit ist ein Anhaltswert für die Zeit für Vorbereitung und die eigentliche Zubereitung (inklusive Gar- und Backzeiten). Längere Wartezeiten wie z. B. Kühl- und Auftauzeiten sind nicht einbezogen.

Soupe au Pistou (Französische Gemüsesuppe mit Pesto)

Zubereitungszeit: 80 Min.

Pro Portion:
E: 10 g, F: 13 g, Kh: 27 g,
kJ: 1142, kcal: 272

- **500–600 g Kartoffeln**
- **300 g Möhren**
- **400 g grüne Bohnen**
- **3 Zwiebeln**
- **3–4 EL Olivenöl**
- **2 1/4 l Gemüsebrühe**
- **1 EL getrockneter Thymian**
- **2 dünne Stangen Porree (Lauch; 350 g)**
- **400 g Zucchini**
- **500 g Tomaten**
- **1 kleine Dose weiße Bohnen (Abtropfgewicht 250 g)**
- **Salz**
- **frisch gemahlener Pfeffer**

Für den Pistou:

- **6 Knoblauchzehen**
- **1 1/2 EL Tomatenmark**
- **1 EL fein gehackte Basilikumblättchen**
- **3 EL geriebener Parmesan-Käse**
- **4–5 EL Olivenöl**

1 Kartoffeln waschen, schälen und abspülen. Möhren putzen, waschen und schälen. Beide Zutaten in Würfel schneiden. Von den Bohnen die Enden abschneiden, die Bohnen evtl. abfädeln, waschen und in Stücke brechen oder schneiden. Zwiebeln abziehen und fein würfeln.

2 Öl in einem großen Topf erhitzen. Die Zwiebelwürfel darin andünsten. Brühe hinzugießen und zum Kochen bringen. Kartoffelwürfel, Möhrenwürfel und Bohnenstücke hinzufügen. Alles mit Thymian würzen, zum Kochen bringen und etwa 10 Minuten kochen lassen.

3 Porree putzen, gründlich waschen und in Ringe schneiden. Zucchini waschen, abtrocknen, die Enden abschneiden und Zucchini in kleine Würfel schneiden. Porreeringe und Zucchiniwürfel in die Suppe geben und etwa 3 Minuten mitkochen lassen.

4 Tomaten waschen, abtropfen lassen, kreuzweise einschneiden, kurz in kochendes Wasser legen und mit kaltem Wasser abschrecken. Tomaten enthäuten, die Stängelansätze herausschneiden und das Fruchtfleisch würfeln. Tomatenwürfel und weiße Bohnen mit der Flüssigkeit in die Suppe geben, wieder zum Kochen bringen und 3–5 Minuten kochen lassen. Mit Salz und Pfeffer würzen.

5 Für den Pistou Knoblauch abziehen, durch die Knoblauchpresse drücken und mit Tomatenmark, Basilikum und Parmesan verrühren. Nach und nach Öl hinzufügen und so lange rühren, bis eine cremige Sauce entstanden ist.

6 Den Pistou kurz vor Beendigung der Garzeit in die Suppe rühren oder getrennt dazu reichen.

Tipp:
Die Suppe nach Belieben zusätzlich mit gerösteten Weißbrotwürfeln bestreuen.

Tiroler Speckknödelsuppe

Zubereitungszeit: 50 Min.

Pro Portion:
E: 8 g, F: 19 g, Kh: 21 g,
kJ: 1228, kcal: 293

Für die Speckknödel:

- **1 Pck. (200 g) Semmelknödel (im Kochbeutel)**
- **kochendes Salzwasser**
- **200 g magerer Speck oder Schinken**
- **1 EL Speiseöl**

Für die Suppe:

- **1 kleiner Kopf Wirsing (etwa 400 g)**
- **1 Bund Frühlingszwiebeln (etwa 250 g)**
- **5 Fleischtomaten (etwa 750 g)**
- **2 l Gemüsebrühe**
- **Salz**
- **frisch gemahlener Pfeffer**
- **geriebene Muskatnuss**
- **1 Bund Liebstöckel**

1 Für die Speckknödel Semmelknödel nach Packungsanleitung in Wasser quellen lassen, dann in kochendem Salzwasser die Hälfte der angegebenen Garzeit ziehen lassen, aus den Kochbeuteln nehmen und die Masse in eine Schüssel geben.

2 Speck oder Schinken fein würfeln. Öl in einer Pfanne erhitzen. Speck- oder Schinkenwürfel darin anbraten, etwas abkühlen lassen und unter die Knödelmasse rühren. Aus der Masse etwa 30 kleine Knödel formen.

3 Für die Suppe vom Wirsing die groben, äußeren Blätter lösen, Wirsing halbieren, vierteln und den Strunk herausschneiden. Wirsing abspülen, abtropfen lassen, in breite Streifen schneiden und die Streifen quer halbieren. Frühlingszwiebeln putzen, waschen und in feine Ringe schneiden.

4 Tomaten waschen, abtropfen lassen, kreuzweise einschneiden, kurz in kochendes Wasser legen und mit kaltem Wasser abschrecken. Tomaten enthäuten, entkernen, die Stängelansätze herausschneiden und das Fruchtfleisch würfeln.

5 Gemüsebrühe in einem großen Topf erhitzen. Wirsingstreifen, Frühlingszwiebelringe und Tomatenwürfel hineingeben, alles zum Kochen bringen und etwa 10 Minuten leicht kochen lassen. Die Suppe mit Salz, Pfeffer und Muskatnuss würzen.

6 Liebstöckel kalt abspülen, trockentupfen und die Blättchen von den Stängeln zupfen. Liebstöckel und Speckknödel in die Suppe geben und alles weitere 10 Minuten ziehen lassen.

Tipp:
Anstelle von Speck- oder Schinkenwürfeln können Sie auch gehackte Kräuter unter die Knödelmasse rühren.

Fischeintopf mit Pizzabrötchen

Zubereitungszeit: 90 Min., ohne Auftauzeit

Pro Portion:
E: 19 g, F: 10 g, Kh: 43 g, kJ: 1476, kcal: 352

Für die Pizzabrötchen:
- **1 Pck. (420 g) Grundmischung Pizzateig Amerikanische Art**
- **1 Pck. Trockenhefe (ist in der Packung)**
- **250 ml (1/4 l) heißes Wasser**

Für den Eintopf:
- **2 Pck. (je 400 g) TK-Seelachs- oder Rotbarschfilet**
- **400 g fest kochende Kartoffeln**
- **400 g Möhren**
- **1 Fenchelknolle (300–400 g)**
- **4 Gläser (je 400 ml) Fischfond**
- **Salz**
- **frisch gemahlener Pfeffer**

Für die Knoblauchmayonnaise:
- **2 Knoblauchzehen**
- **200 g Mayonnaise**

1 Für die Pizzabrötchen aus Grundmischung, Hefe und Wasser nach Packungsanleitung einen Teig zubereiten, kleine Brötchen daraus formen und auf ein gefettetes Backblech legen. Das Backblech in den Backofen schieben.

Ober-/Unterhitze:
180–200 °C (vorgeheizt)
Heißluft: 160–180 °C (vorgeheizt)
Gas: etwa Stufe 3 (vorgeheizt)
Backzeit: 15–20 Min.

2 Die Brötchen auf einen Kuchenrost legen und erkalten lassen.

3 In der Zwischenzeit für den Eintopf Fischfilet auftauen lassen.

4 Kartoffeln waschen, schälen und abspülen. Möhren putzen, schälen und waschen. Von dem Fenchel die Stiele dicht oberhalb der Knolle abschneiden, braune Stellen und Blätter entfernen (etwas Fenchelgrün beiseite legen), die Wurzelenden gerade schneiden und die Knolle waschen. Die 3 Zutaten in kleine Würfel schneiden.

5 Fischfond in einen großen Topf geben und zum Kochen bringen. Kartoffel-, Möhren- und Fenchelwürfel hinzufügen und alles etwa 30 Minuten bei schwacher Hitze kochen lassen.

6 In der Zwischenzeit Fischfilet unter fließendem kalten Wasser abspülen, trockentupfen und in mundgerechte Stücke schneiden. Die Fischstücke in die Suppe geben und etwa 10 Minuten darin gar ziehen lassen.

7 Das zurückgelegte Fenchelgrün kalt abspülen, trockentupfen und evtl. etwas zerkleinern. Den Eintopf mit Salz und Pfeffer würzen und mit dem Fenchelgrün bestreuen.

8 Für die Knoblauchmayonnaise Knoblauch abziehen, fein hacken und mit der Mayonnaise verrühren.

9 Pizzabrötchen und Knoblauchmayonnaise zu dem Fischeintopf servieren.

Rindfleischsuppe mit Gurken

Zubereitungszeit: 90 Min.

Pro Portion:
E: 21 g, F: 2 g, Kh: 12 g, kJ: 646, kcal: 155

- **2½ l Wasser**
- **800 g Rindfleisch aus der Hüfte**
- **Salz**
- **einige Pfefferkörner**
- **1 Lorbeerblatt**
- **2 Gewürznelken**
- **1 Stange Porree (Lauch)**
- **400 g Knollensellerie**
- **3–4 Möhren**
- **4 Kartoffeln**
- **6–8 mittelgroße Gewürzgurken**

1 Wasser in einen großen Topf geben und zum Kochen bringen. Rindfleisch unter fließendem kalten Wasser abspülen, mit Salz, Pfefferkörnern, Lorbeerblatt und Gewürznelken in das Wasser geben, wieder zum Kochen bringen, evtl. abschäumen und bei schwacher Hitze etwa 30 Minuten garen.

2 In der Zwischenzeit Porree putzen, gründlich waschen, halbieren und in die Suppe geben. Alles wieder zum Kochen bringen und weitere 30 Minuten kochen lassen.

3 Sellerie und Möhren putzen, schälen, waschen und in kleine Würfel schneiden. Kartoffeln waschen, schälen, abspülen und ebenfalls fein würfeln.

4 Die Brühe durch ein Sieb geben, dabei die Flüssigkeit auffangen, zurück in den Topf geben und mit Wasser auf 2½ l auffüllen. Das Fleisch etwas abkühlen lassen. Sellerie-, Möhren- und Kartoffelwürfel in die Brühe geben, alles zum Kochen bringen und 15–20 Minuten garen.

5 Das Fleisch in Würfel, die Gewürzgurken in Streifen schneiden. Beide Zutaten in die Suppe geben und darin erhitzen. Die Suppe evtl. vor dem Servieren nochmals mit den Gewürzen abschmecken.

Vorbereitungstipp:
Sie können die Suppe bereits am Vortag zubereiten. Die Gewürzgurken dann erst beim Erhitzen in die Suppe geben, da sie sonst ihre Farbe verlieren und der Gurkengeschmack zu stark würde.

Tipp:
Es ist wichtig, das Fleisch in kochendes Wasser zu geben, da das Fleisch dann saftiger bleibt und nicht auslaugt.

Cook-a-Leekie (Schottische Hühner-Lauch-Suppe)

Foto
Zubereitungszeit: 40 Min.

Pro Portion:
E: 25 g, F: 7 g, Kh: 22 g,
kJ: 1080, kcal: 258

- **750 g Hähnchenbrustfilets**
- **60 g Butter**
- **800 ml Geflügelbrühe**
- **2 Gläser (je 400 ml) Kalbsfond**
- **2–3 Stangen Porree (Lauch)**
- **250–300 g entsteinte Backpflaumen**
- **Salz**
- **frisch gemahlener Pfeffer**
- **geriebene Muskatnuss**

1 Hähnchenbrustfilets unter fließendem kalten Wasser abspülen, trockentupfen und in Streifen schneiden.

2 Butter in einem großen Topf zerlassen. Die Fleischstreifen darin unter Rühren andünsten. Mit Geflügelbrühe und Kalbsfond ablöschen, zum Kochen bringen und bei schwacher bis mittlerer Hitze etwa 10 Minuten leicht kochen lassen.

3 In der Zwischenzeit Porree putzen, gründlich waschen und in Ringe schneiden. Die Porreeringe zu dem Fleisch geben und alles noch 3–5 Minuten garen.

4 Backpflaumen vierteln, hinzufügen und in der Suppe erhitzen. Die Suppe mit Salz, Pfeffer und Muskatnuss würzen.

Beilage:
Gebuttertes Toastbrot.

Broccolisuppe mit Tortellini

Zubereitungszeit: 45 Min.

Pro Portion:
E: 14 g, F: 18 g, Kh: 25 g,
kJ: 1364, kcal: 326

- **1 kg Broccoli**
- **1 1/2 l Gemüsebrühe**
- **250 ml (1/4 l) Schlagsahne**
- **2 Beutel Broccolicreme-Suppe**
- **geriebene Muskatnuss**
- **frisch gemahlener Pfeffer**
- **250 g getrocknete Tortellini mit Käsefüllung**
- **300 g gekochter Schinken (in Scheiben)**

1 Vom Broccoli die Blätter entfernen, Broccoli waschen und in Röschen teilen. Den Strunk schälen und in Würfel schneiden.

2 Brühe in einem großen Topf zum Kochen bringen. Broccoliröschen und Strunkwürfel hineingeben und alles wieder zum Kochen bringen. Nach etwa 5 Minuten Kochzeit einige Broccoliröschen herausnehmen und beiseite stellen. Den Rest noch etwa 15 Minuten kochen lassen.

(Fortsetzung Seite 16)

3 Die Suppe dann pürieren und etwas abkühlen lassen. Sahne und Broccolicreme-Suppenpulver unterrühren, alles unter Rühren wieder zum Kochen bringen und etwa 5 Minuten kochen lassen. Mit Muskatnuss und Pfeffer abschmecken.

4 Tortellini in reichlich Salzwasser nach Packungsanleitung bissfest kochen, in ein Sieb geben, mit kaltem Wasser abschrecken und abtropfen lassen. Schinken in Streifen schneiden.

5 Tortellini und Schinken mit den zurückgelassenen Broccoliröschen in die Suppe geben, alles erhitzen und evtl. nochmals mit den Gewürzen abschmecken.

Gemüsesuppe „Querbeet"

Zubereitungszeit: 60 Min.

Pro Portion:
E: 10 g, F: 9 g, Kh: 14 g, kJ: 760, kcal: 181

- **500 g fest kochende Kartoffeln**
- **2 1/2 l Gemüsebrühe**
- **1 Beutel (1 kg) TK-Suppengemüse**
- **1 Bund Petersilie**
- **1 Bund Kerbel**
- **200 g Emmentaler-Käse**
- **Salz**
- **frisch gemahlener Pfeffer**

1 Kartoffeln waschen, schälen, abspülen und in Würfel schneiden. Gemüsebrühe in einen Topf geben, Kartoffelwürfel hinzufügen, alles zum Kochen bringen und etwa 20 Minuten kochen lassen.

2 Suppengemüse dazugeben und alles weitere 10 Minuten garen.

3 In der Zwischenzeit Petersilie und Kerbel kalt abspülen, trockentupfen, die Blättchen von den Stängeln zupfen und fein hacken. Emmentaler hobeln.

4 Die Suppe salzen, pfeffern und mit den gehackten Kräutern bestreuen. Den Emmentaler kurz vor dem Servieren über die Suppe streuen.

Tipp:
Dazu ein kräftiges Brot oder Brötchen reichen.

Grünkernklösschensuppe

Zubereitungszeit: 75 Min., ohne Auftauzeit

Pro Portion:
E: 15 g, F: 8 g, Kh: 10 g, kJ: 748, kcal: 178

- **1 Pck. (450 g) TK-Blattspinat**
- **200 ml Salzwasser**
- **100 g fein geschroteter Grünkern**
- **frisch gemahlener Pfeffer**
- **2 Möhren (etwa 300 g)**
- **2 Knoblauchzehen**
- **2 1/2 l Gemüsebrühe**
- **1 Pck. TK-Kräuter der Provence**
- **Salz**
- **1 Eigelb**
- **heißes Salzwasser**
- **3 ungebrühte, grobe Bratwürstchen (etwa 300 g)**

1 Spinat bei Zimmertemperatur auftauen lassen.

2 In der Zwischenzeit Salzwasser zum Kochen bringen. Grünkernschrot hineingeben, unter Rühren zum Kochen bringen und unter häufigem Rühren bei schwacher Hitze etwa 8 Minuten ausquellen lassen. Dann mit Pfeffer würzen und erkalten lassen.

3 Möhren putzen, schälen, waschen und in dünne Scheiben schneiden. Knoblauch abziehen und fein würfeln.

4 Gemüsebrühe mit Möhrenscheiben, Kräutern der Provence und Knoblauch in einem Topf zum Kochen bringen und etwa 10 Minuten kochen lassen. Mit Salz und Pfeffer würzen.

5 Eigelb unter die Grünkernmasse kneten, mit Salz und Pfeffer würzen und daraus etwa 30 kleine Klößchen formen. Die Klößchen vorsichtig in heißes Salzwasser geben (das Wasser darf nicht kochen) und etwa 10 Minuten ziehen lassen, bis sie an der Oberfläche schwimmen.

6 Die Bratwurstmasse aus der Haut drücken, mit feuchten Händen portionsweise zu kleinen Klößchen formen und in der heißen Suppe etwa 10 Minuten garen.

7 Zum Schluss Spinat ausdrücken, etwas zerkleinern, mit den Grünkernklößchen in die Suppe geben und darin erhitzen. Die Suppe evtl. mit den Gewürzen abschmecken.

Abwandlung:
Anstelle von Spinat können Sie die Suppe auch mit 300 g TK-grünen-Bohnen zubereiten. Die Bohnen gefroren mit den Möhrenscheiben in die Brühe geben.

Vorbereitungstipp:
Die Grünkernklößchen können gut vorbereitet und eingefroren werden. Sie dann gefroren in das siedende Salzwasser geben und etwa 10 Minuten darin garen.

Italienische Gemüsesuppe

Zubereitungszeit: 60 Min.

Pro Portion:
E: 11 g, F: 9 g, Kh: 36 g
kJ: 1188, kcal: 283

- **1 dicke Gemüsezwiebel (350 g)**
- **3 Knoblauchzehen**
- **1 Staude (etwa 600 g) Staudensellerie**
- **1 Dose italienische Bohnenkerne oder weiße Bohnen (Abtropfgewicht 250 g)**
- **75 g Kräuterbutter**
- **2 1/4 l Gemüsebrühe**
- **4 Tomaten**
- **1/2 Bund Basilikum**
- **250 g Spaghetti**
- **300 g TK-Erbsen**
- **Salz**
- **frisch gemahlener Pfeffer**

1 Gemüsezwiebel abziehen, halbieren und in feine Würfel schneiden. Knoblauch abziehen und ebenfalls fein würfeln. Staudensellerie putzen, die Stangen einzeln lösen, gut waschen, die harten Außenfäden abziehen und die Stangen in kleine Stücke schneiden. Bohnen in ein Sieb geben, mit kaltem Wasser abspülen und abtropfen lassen.

2 Kräuterbutter in einem großen Topf zerlassen. Zwiebelwürfel, Knoblauchwürfel und Selleriestücke darin bei schwacher Hitze andünsten. Mit Gemüsebrühe ablöschen, zum Kochen bringen und 5–10 Minuten kochen lassen.

3 In der Zwischenzeit Tomaten waschen, abtropfen lassen, kreuzweise einschneiden, kurz in kochendes Wasser legen und mit kaltem Wasser abschrecken. Tomaten enthäuten, die Stängelansätze herausschneiden und das Fruchtfleisch würfeln. Basilikum kalt abspülen, trockentupfen und die Blättchen von den Stängeln zupfen.

4 Spaghetti einmal durchbrechen, in die Suppe geben und alles bei schwacher Hitze noch etwa 5 Minuten köcheln lassen. Erbsen und Bohnen hinzufügen und weitere 5 Minuten köcheln lassen. Die Suppe mit Salz und Pfeffer würzen.

5 Tomatenwürfel in die Suppe geben und kurz darin erhitzen. Die Suppe mit den Basilikumblättchen garniert servieren.

Beilage:
Ciabatta (italienisches Weißbrot).

Tipp:
Wenn Sie die Spaghetti getrennt in Salzwasser kochen und erst kurz vor dem Verzehr in die Suppe geben, dann lässt sich die Suppe schon vorher zubereiten und wieder erhitzen. Die Suppe nach Belieben mit gehobeltem oder geriebenem Parmesan-Käse bestreuen.

Geflügel-Kokos-Suppe

Zubereitungszeit: 40 Min.

Pro Portion:
E: 41 g, F: 11 g, Kh: 23 g,
kJ: 1494, kcal: 357

Für das Paprikaöl:
- **2 EL Speiseöl**
- **1 TL Paprikapulver edelsüß**

Für die Suppe:
- **4 Hähnchenbrustfilets (je etwa 150 g)**
- **4 Schalotten**
- **2 kleine Möhren**
- **2 Stangen Porree (Lauch)**
- **frischer Koriander**
- **2 EL Speiseöl**
- **2 EL Weizenmehl**
- **2 l Hühnerbrühe**
- **1 Dose (400 ml) ungesüßte Kokosmilch**
- **Salz**
- **frisch gemahlener Pfeffer**

1 Für das Paprikaöl Öl und Paprikapulver verrühren und beiseite stellen. Das Öl nimmt nach 10–15 Minuten eine rötliche Farbe an.

2 Für die Suppe Hähnchenbrustfilets unter fließendem kalten Wasser abspülen, trockentupfen und in Streifen oder Würfel schneiden.

3 Schalotten abziehen und würfeln. Möhren putzen, schälen, waschen und ebenfalls in Würfel schneiden. Porree putzen, die Stangen längs halbieren, gründlich waschen und in Streifen schneiden. Koriander abspülen, trockentupfen und die Blättchen von den Stängeln zupfen.

4 Öl in einem großen Topf erhitzen. Die Fleischstreifen oder -würfel darin rundherum anbraten und herausnehmen.

5 In dem verbliebenen Fett Schalotten- und Möhrenwürfel und Porreestreifen andünsten. Mehl darüber stäuben. Hühnerbrühe und Kokosmilch hinzugießen, glatt rühren und zum Kochen bringen. Das Fleisch wieder hinzufügen und alles bei schwacher Hitze etwa 10 Minuten leicht kochen lassen.

6 Zum Schluss die Suppe mit Salz und Pfeffer würzen. Die Suppe auf Teller verteilen, einige Tropfen Paprikaöl darauf träufeln (am besten mit Hilfe einer Gabel) und die Suppe mit Korianderblättern garnieren.

Tipp:
Sie können auch zusätzlich abgetropfte Bambussprossen in die Suppe geben. Wer es gern sehr scharf mag, kann auch dünne Ringe von roten und grünen Chilischoten zugeben. Anstelle der Schalotten können Sie ersatzweise 2 Zwiebeln verwenden.

Scharfe Mitternachtssuppe

Foto
Zubereitungszeit: 40 Min.

Pro Portion:
E: 17 g, F: 12 g, Kh: 24 g,
kJ: 1203, kcal: 288

- **500 g Putenbrust**
- **3 rote Chilischoten**
- **2 Dosen Gemüsemais (Abtropfgewicht je 340 g)**
- **3 EL Butter oder Butterschmalz**
- **3 EL Currypulver**
- **2 1/4 l Wasser**
- **3 Beutel Lauchcremesuppe**
- **200 ml Schlagsahne**
- **Chilipulver**
- **Cayennepfeffer**

1 Putenbrust unter fließendem kalten Wasser abspülen, trockentupfen und in Streifen schneiden. Chilischoten waschen, entkernen und in kleine Würfel schneiden. Mais in einem Sieb abtropfen lassen.

2 Butter oder Butterschmalz in einem großen Topf erhitzen. Die Fleischstreifen darin anbraten. Currypulver darüber streuen und kurz mitbraten.

3 Wasser dazugießen und das Lauchcremesuppenpulver einrühren. Mais und Chilischotenwürfel hineingeben. Das Ganze unter Rühren zum Kochen bringen und unter gelegentlichem Umrühren etwa 5 Minuten kochen lassen.

4 Sahne hinzufügen und die Suppe mit Chilipulver und Cayennepfeffer scharf abschmecken.

Beilage:
Zwiebel- oder Vollkornbaguette.

Tipp:
Nach Belieben zusätzlich 1 Stange Porree (Lauch) putzen, halbieren, gründlich waschen und in sehr dünne Streifen schneiden. In die Suppe geben und nur noch kurz darin erhitzen.

Möhren-Orangen-Suppe

Zubereitungszeit: 65 Min.

Pro Portion:
E: 3 g, F: 14 g, Kh: 14 g,
kJ: 825, kcal: 197

- **3 mittelgroße Zwiebeln**
- **1,2 kg Möhren**
- **3 mittelgroße Kartoffeln**
- **60 g Butter oder Margarine**
- **1 1/2 l Gemüsebrühe**
- **200 ml Schlagsahne**
- **Saft von 1 1/2 Orangen**
- **1 TL Zucker**
- **Salz**
- **frisch gemahlener Pfeffer**

1 Zwiebeln abziehen und würfeln. Möhren putzen, schälen und waschen. Kartoffeln waschen, schälen und abspülen. Beide Zutaten in kleine Würfel schneiden.

2 Butter oder Margarine in einem Topf zerlassen. Zwiebel-, Kartoffel- und Möhrenwürfel darin andünsten. Gemüsebrühe hinzugießen, alles zum Kochen bringen und etwa 15 Minuten kochen lassen.

3 Die Suppe fein pürieren. Sahne hinzufügen, wieder erhitzen und mit Orangensaft, Zucker, Salz und Pfeffer würzen.

Quark-Kartoffel-Suppe

Zubereitungszeit: 70 Min.

Pro Portion:
E: 12 g, F: 28 g, Kh: 16 g,
kJ: 1554, kcal: 370

- **800 g überwiegend fest kochende Kartoffeln**
- **1 mittelgroße Zwiebel**
- **1 Bund Kerbel**
- **50 g Butter**
- **2 l Gemüsebrühe**
- **250 g Magerquark**
- **Salz**
- **frisch gemahlener Pfeffer**
- **250 g Champignons**
- **200 g magerer Speck**
- **1 Glas Saftwürstchen (Abtropfgewicht 195 g)**
- **2 EL Speiseöl**
- **1 Bund Schnittlauch**

1 Kartoffeln waschen, schälen, abspülen und klein schneiden. Zwiebel abziehen und fein würfeln. Kerbel kalt abspülen, trockentupfen, einige Zweige zum Garnieren beiseite legen, die restlichen Blättchen von den Stängeln zupfen und etwas klein schneiden.

2 Butter in einem großen Topf zerlassen. Kartoffel- und Zwiebelwürfel darin andünsten. Gemüsebrühe und Kerbel hinzufügen, alles zum Kochen bringen und etwa 30 Minuten kochen lassen.

3 Die Zutaten dann pürieren. Quark unterrühren. Die Suppe salzen, pfeffern und unter Rühren erhitzen.

4 Champignons putzen, mit Küchenpapier abreiben, evtl. abspülen und abtropfen lassen. Speck, Würstchen und Champignons in dünne Scheiben oder kleine Würfel schneiden.

5 Öl in einer Pfanne erhitzen. Speck darin anbraten. Danach Champignons und Würstchen hinzufügen und ebenfalls anbraten. Die Zutaten in die Suppe geben.

6 Schnittlauch kalt abspülen, trockentupfen und in Röllchen schneiden. Kerbelblättchen von den zurückgelassenen Stängeln zupfen. Die Suppe mit den Kräutern bestreut servieren.

Tipp:
Die Suppe mit einem Klecks Crème fraîche verzieren und Brot oder Brötchen dazu reichen.
Anstelle der in Scheiben geschnittenen Saftwürstchen können Sie auch 1 Glas Cocktailwürstchen in der Suppe erhitzen. Wenn Sie keinen frischen Kerbel bekommen, können Sie auch 1 Esslöffel getrockneten Kerbel in die Suppe geben.

Tomatensuppe mit Reis

Foto
Zubereitungszeit: 45 Min.

Pro Portion:
E: 7 g, F: 3 g, Kh: 39 g, kJ: 893, kcal: 213

- **200 g Langkornreis**
- **750 ml (3/4 l) kochendes Salzwasser**
- **4 Zwiebeln (160 g)**
- **2 Knoblauchzehen**
- **2 EL Olivenöl**
- **4 Pck. (je 500 g) passierte Tomaten**
- **500 ml (1/2 l) Wasser**
- **2 EL gekörnte Gemüsebrühe**
- **2 TL getrockneter Oregano**
- **140 g Tomatenmark**
- **Salz**
- **frisch gemahlener Pfeffer**
- **Paprikapulver edelsüß**
- **Cayennepfeffer**
- **etwas Zucker**
- **4 EL gehackte Petersilie**

1 Den Reis in das kochende Salzwasser geben, wieder zum Kochen bringen und in etwa 15 Minuten ausquellen lassen. Den Reis dann in ein Sieb geben, mit kaltem Wasser abspülen und abtropfen lassen.

2 In der Zwischenzeit Zwiebeln und Knoblauch abziehen und in Würfel schneiden. Öl in einem großen Topf erhitzen. Zwiebel- und Knoblauchwürfel darin andünsten.

3 Tomaten, Wasser, Gemüsebrühe und Oregano hinzufügen, alles zum Kochen bringen und etwa 10 Minuten kochen lassen.

4 Tomatenmark unterrühren. Die Suppe mit Salz, Pfeffer, Paprikapulver, Cayennepfeffer und Zucker würzen. Den gegarten Reis hinzufügen und erwärmen. Die Suppe mit Petersilie bestreut servieren.

Abwandlung:
Nach Belieben Hackfleischklößchen in die Suppe geben und etwa 10 Minuten mitgaren.

Vorbereitungstipp:
Sie können Reis und Suppe bereits am Vortag vorbereiten. Dann den gegarten Reis erst kurz vor dem Servieren in der Suppe erhitzen.

Linsensuppe mit Räucherfisch

Zubereitungszeit: 35 Min.

Pro Portion:
E: 39 g, F: 21 g, Kh: 62 g, kJ: 2663, kcal: 636

- **200 g fest kochende Kartoffeln**
- **1 Zwiebel**
- **2 EL Olivenöl**
- **1 EL Tomatenmark**
- **400 ml Gemüsebrühe**
- **3 Dosen (je 800 g) Linsen mit Suppengrün**
- **200 g Räucheraal**
- **200 g Schillerlocken**
- **1 Bund Dill**
- **200 ml Schlagsahne**
- **Salz**
- **frisch gemahlener Pfeffer**
- **2 EL Balsamico-Essig**

1 Kartoffeln waschen, schälen, abspülen und in Würfel schneiden. Zwiebel abziehen und ebenfalls würfeln.

(Fortsetzung Seite 30)

2 Öl in einem großen Topf erhitzen. Zwiebel- und Kartoffelwürfel darin andünsten. Tomatenmark unterrühren, Gemüsebrühe hinzugießen, alles wieder zum Kochen bringen und etwa 15 Minuten kochen lassen.

3 Danach die Linsen mit der Flüssigkeit hinzufügen, alles wieder zum Kochen bringen und weitere 10 Minuten kochen lassen.

4 Räucheraal und Schillerlocken in kleine Stücke schneiden, dabei evtl. Gräten entfernen. Dill kalt abspülen, trockentupfen und die Spitzen von den Stängeln zupfen.

5 Die Fischstücke mit der Sahne in die Suppe geben und erhitzen. Die Suppe mit Salz, Pfeffer und Balsamico-Essig würzen und mit Dillspitzen bestreut servieren.

Schmorgurkentopf

Zubereitungszeit: 90 Min.

Pro Portion:
E: 15 g, F: 22 g, Kh: 16 g,
kJ: 1441, kcal: 343

- **6 Schmorgurken (etwa 1 1/2 kg)**
- **500 g fest kochende Kartoffeln**
- **1 Gemüsezwiebel (etwa 200 g)**
- **3 EL Speiseöl**
- **3 EL Weizenmehl**
- **2 l Gemüsebrühe**
- **1 Bund Dill**
- **300 g gekochter Schinken**
- **5 hart gekochte Eier**
- **400 g Schmand oder Sahnejoghurt**
- **Salz**
- **frisch gemahlener Pfeffer**

1 Schmorgurken waschen. Von einer Gurke etwa 200 g grob raspeln und beiseite stellen. Die restlichen Gurken schälen, längs halbieren, die Kerne mit Hilfe eines Löffels herauskratzen und die Gurken würfeln.

2 Kartoffeln waschen, schälen und abspülen. Gemüsezwiebel abziehen. Kartoffeln und Gemüsezwiebel in Würfel schneiden.

3 Öl in einem großen Topf erhitzen. Zwiebel-, Gurken- und Kartoffelwürfel darin leicht andünsten.

4 Mehl darüber stäuben und unter Rühren so lange darin erhitzen, bis das Mehl hellgelb ist. Brühe hinzugießen, mit einem Schneebesen durchschlagen, dabei darauf achten, dass keine Klümpchen entstehen. Die Suppe zum Kochen bringen und etwa 30 Minuten kochen lassen. Die Suppe dann pürieren.

5 Dill kalt abspülen, trockentupfen, die Spitzen von den Stängeln zupfen, etwas zum Garnieren zurücklassen und den Rest grob hacken. Schinken würfeln. Eier klein schneiden. Gehackten Dill in die Suppe geben, alles unter Rühren erwärmen und mit Salz und Pfeffer würzen.

6 Die Suppe in Tellern oder Suppentassen anrichten. Je einen Klecks Schmand oder Sahnejoghurt darauf geben. Die Suppe mit den Gurkenraspeln, Schinken- und Eierwürfeln bestreuen und mit dem zurückgelassenen Dill garnieren.

Raukesuppe mit Möhrenklösschen

Zubereitungszeit: 80 Min.

Pro Portion:
E: 5 g, F: 13 g, Kh: 10 g,
kJ: 755, kcal: 180

Für die Möhrenklößchen:
- **600 g Möhren**
- **2 EL Butter**
- **2 TL Zucker**
- **Salz**
- **100 ml Wasser**
- **2 Eigelb (Größe M)**
- **4 EL Vollkornsemmelbrösel**
- **2 EL Magerquark**
- **etwas Zucker**
- **2 EL gehackte Petersilie**
- **1 l heiße Gemüsebrühe**

Für die Suppe:
- **4 große Bund Rauke (Rucola)**
- **2 Zwiebeln**
- **80 g Butter**
- **1 l Gemüsebrühe**
- **500 ml (1/2 l) Buttermilch**
- **Salz**
- **frisch gemahlener Pfeffer**

1 Für die Möhrenklößchen Möhren putzen, schälen, waschen und in Würfel schneiden. Möhren mit Butter, Zucker, Salz und Wasser in einen Topf geben, zum Kochen bringen und zugedeckt etwa 15 Minuten garen. Die Möhren dann abgießen und durch ein Sieb streichen.

2 Das Möhrenpüree mit Eigelb, Semmelbröseln und Quark mischen und mit Salz und Zucker abschmecken. Petersilie unterrühren.

3 Aus der Masse mit 2 Teelöffeln kleine Klößchen abstechen, portionsweise in die heiße Gemüsebrühe geben (die Brühe darf nicht kochen) und die Klößchen in etwa 5 Minuten gar ziehen lassen.

4 Die garen Klößchen mit einer Schaumkelle aus der Brühe nehmen und warm stellen. Die Brühe durch ein Sieb gießen und 500 ml (1/2 l) davon abmessen.

5 Für die Suppe Rauke putzen, waschen, abtropfen lassen oder trockenschleudern und in feine Streifen schneiden.

6 Zwiebeln abziehen und fein würfeln. Butter in einem großen Topf zerlassen. Zwiebelwürfel darin andünsten. Gemüsebrühe, die abgemessene Brühe von den Klößchen und Buttermilch hinzugießen und zum Kochen bringen. Mit Salz und Pfeffer würzen.

7 Die Rauke dazugeben und die Suppe kurz pürieren. Die Suppe auf vorgewärmte Suppentassen verteilen und mit den Möhrenklößchen servieren.

Vorbereitungstipp:
Sie können die Möhrenklößchen bereits am Vortag zubereiten und einzeln nebeneinander gelegt zugedeckt kalt stellen oder einfrieren. Die Klößchen dann vor dem Verzehr in der Brühe garen (die gefrorenen Klößchen unaufgetaut hineingeben).

Mayiritsa (Griechische Ostersuppe)

Foto
Zubereitungszeit: 80 Min.

Pro Portion:
E: 39 g, F: 35 g, Kh: 7 g, kJ: 2254, kcal: 539

- **1,2 kg mageres Lammfleisch**
- **6 EL Butter**
- **2–3 Bund Frühlingszwiebeln**
- **2 EL gehackte Minze**
- **2 l heiße Rindfleischbrühe**
- **Salz**
- **frisch gemahlener Pfeffer**
- **8 Eier**
- **Saft von 4 Zitronen**
- **4 EL gehackte Petersilie**
- **2 EL gehackter Dill**

1 Fleisch unter fließendem kalten Wasser abspülen, trockentupfen und in kleine Würfel schneiden. Butter in einem großen Topf zerlassen. Die Fleischwürfel darin in 2 Portionen anbraten.

2 Frühlingszwiebeln putzen, waschen, klein schneiden und zusammen mit der Minze zu dem Fleisch geben. Rindfleischbrühe hinzugießen, alles zum Kochen bringen und bei schwacher Hitze etwa 45 Minuten kochen lassen. Mit Salz und Pfeffer würzen.

3 Eier mit Zitronensaft und einigen Esslöffeln heißer Brühe verschlagen, vorsichtig unter die restliche Brühe rühren und die Suppe sofort von der Kochstelle nehmen. Petersilie und Dill unterrühren. Die Suppe evtl. nochmals mit Salz und Pfeffer abschmecken.

Beilage:
Geröstetes Fladenbrot.

Feurige Zwiebelsuppe

Zubereitungszeit: 65 Min.

Pro Portion:
E: 9 g, F: 15 g, Kh: 12 g, kJ: 971, kcal: 232

- **1 kg Gemüsezwiebeln**
- **4 EL Olivenöl**
- **3 EL Tomatenmark**
- **2 EL Currypulver**
- **2 1/2 l Gemüsebrühe**
- **1 EL rosa Pfefferbeeren**
- **3–4 rote Chilischoten**
- **200 g entsteinte, schwarze Oliven**
- **Salz**
- **frisch gemahlener Pfeffer**
- **2 TL Sambal Oelek**
- **150 g Parmesan-Käse**

1 Gemüsezwiebeln abziehen, halbieren und in Streifen schneiden. Öl in einem Topf erhitzen. Die Zwiebelstreifen darin andünsten. Tomatenmark und Currypulver hinzufügen und kurz mitdünsten. Gemüsebrühe hinzugießen, alles zum Kochen bringen und etwa 20 Minuten garen.

(Fortsetzung Seite 36)

2 Pfefferbeeren etwas zerdrücken. Chilischoten putzen, halbieren, entkernen, die Schoten waschen und in Streifen schneiden. Oliven achteln. Die vorbereiteten Zutaten in die Suppe geben und mit Salz, Pfeffer und Sambal Oelek scharf würzen.

3 Die Suppe mit frisch gehobeltem Parmesan bestreuen.

■ **Tipp:**
Joghurt, Crème fraîche oder Knoblauchcroûtons zu der Suppe reichen.

Ratatouille-Suppe

10.7.04

Zubereitungszeit: 75 Min.

Pro Portion:
E: 3 g, F: 8 g, Kh: 7 g,
kJ: 477, kcal: 114

- **2 kleine Auberginen (je etwa 200 g)**
- **2 kleine Zucchini (je etwa 200 g)**
- **1 Gemüsezwiebel (etwa 200 g)**
- **2 Knoblauchzehen**
- **je 1 rote und gelbe Paprikaschote (je etwa 200 g)**
- **einige Zweige Thymian**
- **6 EL Olivenöl**
- **1 Dose (800 g) geschälte Tomaten**
- **1 1/4 l Gemüsebrühe**
- **Salz**
- **frisch gemahlener Pfeffer**
- **Paprikapulver edelsüß**

1 Auberginen und Zucchini waschen, Stängelansätze und Enden abschneiden und beide Zutaten in Würfel schneiden. Gemüsezwiebel und Knoblauch abziehen und würfeln.

2 Paprikaschoten halbieren, entstielen, entkernen, die weißen Scheidewände entfernen, die Schoten waschen und ebenfalls in Würfel schneiden. Thymian kalt abspülen, trockentupfen und die Blättchen von den Stängeln zupfen. Jeweils etwa 100 g der Auberginen-, Zucchini- und Paprikawürfel zum Garnieren beiseite stellen.

3 Die Hälfte des Öls in einem Topf erhitzen. Zwiebel-, Knoblauch- und Gemüsewürfel darin unter Rühren andünsten. Tomaten mit der Flüssigkeit, Gemüsebrühe und Thymianblättchen hinzufügen, alles zum Kochen bringen und etwa 20 Minuten bei schwacher Hitze kochen lassen.

4 Die Suppe anschließend pürieren und mit Salz, Pfeffer und Paprikapulver würzen. Die zurückgelassenen Gemüsewürfel in dem restlichem Öl anbraten und in die Suppe geben.

■ **Tipp:**
Servieren Sie als Beilage mit Käse überbackene Baguettescheiben. Dazu 8–10 Baguettescheiben auf ein mit Backpapier belegtes Backblech legen und mit 100 g geriebenem Gratin-Käse bestreuen. Das Backblech in den Backofen schieben und die Baguettescheiben bei 200 °C (Ober-/Unterhitze) überbacken, bis der Käse goldbraun ist.

Curry-Suppentopf

Foto
Zubereitungszeit: 70 Min.

Pro Portion:
E: 19 g, F: 16 g, Kh: 8 g, kJ: 1090, kcal: 260

- **500 g Putenbrust**
- **1 Zwiebel**
- **1 Stange Porree (Lauch, etwa 300 g)**
- **100 g Butter**
- **2 EL Currypulver**
- **3 EL Weizenmehl**
- **2 l Hühnerbrühe**
- **1 Becher (150 g) Crème fraîche**
- **Salz, Pfeffer**
- **2 Äpfel**
- **Saft von 1 Zitrone**

1 Putenbrust unter fließendem kalten Wasser abspülen, trockentupfen und in kleine Würfel schneiden. Zwiebel abziehen und würfeln. Porree putzen, gründlich waschen und in Ringe schneiden.

2 Butter in einem Topf erhitzen. Die Fleischwürfel darin leicht anbraten und herausnehmen. Zwiebelwürfel und Porreeringe in dem verbliebenen Bratfett andünsten.

3 Die Fleischwürfel wieder in den Topf geben. Mit Currypulver und Mehl bestäuben, verrühren und mit Hühnerbrühe auffüllen. Unter gelegentlichem Umrühren zugedeckt bei schwacher Hitze etwa 30 Minuten köcheln lassen.

4 Crème fraîche unterrühren und die Suppe salzen und pfeffern.

5 Äpfel waschen, abtrocknen, vierteln, entkernen, in kleine Spalten schneiden und mit Zitronensaft beträufeln. Die Apfelspalten kurz vor dem Servieren in die Suppe geben und darin erhitzen.

Kürbissuppe mit Amarettini

Zubereitungszeit: 75 Min.

Pro Portion:
E: 5 g, F: 11 g, Kh: 17 g, kJ: 768, kcal: 182

- **1 kg Kürbisfruchtfleisch**
- **2 Bund Suppengrün**
- **2 l Gemüsebrühe**
- **150 g Crème fraîche**
- **Salz, Pfeffer**
- **gemahlener Zimt**
- **50 g Butter**
- **2 EL Akazienhonig**
- **24–30 Amarettini (italienisches Mandelgebäck)**

1 Kürbisfruchtfleisch grob zerkleinern und in einen großen Topf geben. Suppengrün putzen, schälen und waschen. 1 Bund ebenfalls grob zerkleinern und mit der Gemüsebrühe zu dem Kürbisfruchtfleisch geben. Alles zum Kochen bringen und etwa 40 Minuten garen.

2 Das restliche Suppengrün fein würfeln, in kochendes Salzwasser geben, etwa 10 Minuten kochen und in einem Sieb abtropfen lassen.

3 Die Gemüse-Kürbis-Mischung fein pürieren, Crème fraîche unterrühren und die Suppe mit Salz, Pfeffer und Zimt würzen.

4 Butter zerlassen. Die gegarten Gemüsewürfel darin andünsten, mit Honig mischen und unter die Suppe rühren. Amarettini grob zerdrücken und die Suppe kurz vor dem Servieren damit bestreuen.

Frühlingszwiebelsuppe mit Käse-Kräuter-Bällchen

Zubereitungszeit: 90 Min.

Pro Portion:
E: 11 g, F: 25 g, Kh: 27 g, kJ: 1707, kcal: 408

Für die Käse-Kräuter-Bällchen:

- **2 Brötchen (Semmeln)**
- **200 g Gouda-Käse**
- **1 Bund Petersilie**
- **1 Ei (Größe M)**
- **20 g Speisestärke**
- **80 g Semmelbrösel**
- **Salz**
- **frisch gemahlener Pfeffer**
- **geriebene Muskatnuss**
- **heißes Salzwasser**

Für die Suppe:

- **4 Bund Frühlingszwiebeln (etwa 1 kg)**
- **100 g Butter**
- **3 EL Weizenmehl**
- **200 ml trockener Weißwein**
- **1 1/2 l Gemüsebrühe**
- **3 Tomaten (etwa 250 g)**
- **200 ml Schlagsahne**
- **Salz**
- **frisch gemahlener Pfeffer**

1 Für die Käsebällchen Brötchen in kaltem Wasser einweichen. Gouda in Würfel schneiden. Petersilie kalt abspülen, trockentupfen, die Blättchen von den Stängeln zupfen und pürieren.

2 Die sehr gut ausgedrückten Brötchen mit Ei, Speisestärke, Semmelbröseln und Petersilie verkneten und die Masse mit Salz, Pfeffer und Muskatnuss würzen.

3 Aus der Masse kleine Bällchen formen, dabei je einen Käsewürfel mit eindrehen. Die Bällchen in siedendem Salzwasser etwa 5 Minuten garen, bis sie an der Oberfläche schwimmen und mit einem Schöpflöffel herausnehmen.

4 Für die Suppe Frühlingszwiebeln putzen, waschen und in Ringe schneiden.

5 Butter in einem Topf erhitzen. Zwiebelringe darin andünsten. Mehl darüber stäuben und unter Rühren so lange erhitzen, bis das Mehl hellgelb ist.

6 Weißwein und Gemüsebrühe hinzugießen und mit einem Schneebesen durchschlagen, dabei darauf achten, dass keine Klümpchen entstehen. Alles zum Kochen bringen und etwa 15 Minuten bei schwacher Hitze köcheln lassen.

7 Tomaten waschen, abtropfen lassen, kreuzweise einschneiden, kurz in kochendes Wasser legen und mit kaltem Wasser abschrecken. Tomaten enthäuten, die Stängelansätze herausschneiden, Tomaten entkernen und in Würfel schneiden. Tomatenwürfel und Sahne in die Suppe geben und erhitzen.

8 Die Suppe mit Salz und Pfeffer würzen. Vor dem Servieren die Käsebällchen in die Suppe geben.

Tipp:
Formen Sie anfangs erst nur 1 Käsebällchen und geben es in das siedende Wasser. Falls es auseinander fällt, noch 20 g Semmelbrösel unter die Masse kneten.

Kalte Melonensuppe

Foto
Zubereitungszeit: 50 Min., ohne Kühlzeit

Pro Portion:
E: 5 g, F: 6 g, Kh: 32 g, kJ: 951, kcal: 224

- **3 reife Honigmelonen (etwa 3 kg)**
- **1 l Multivitaminsaft**
- **400 ml Gemüsefond**
- **100 ml Portwein**
- **20 g Speisestärke**
- **etwas Wasser**
- **150 g Serrano-Schinken**
- **einige Zweige Minze**

1 Honigmelonen vierteln, die Kerne mit Hilfe eines Löffels herauskratzen, das Fruchtfleisch aus der Schale lösen und in Stücke schneiden.

2 Das Fruchtfleisch im Mixer sorgfältig pürieren, in einen Topf gießen und mit Multivitaminsaft und Gemüsefond zum Kochen bringen. Portwein hinzufügen.

3 Speisestärke mit Wasser anrühren, in die Suppe einrühren und einmal aufkochen lassen. Die Suppe erkalten lassen.

4 Schinken in feine Würfel schneiden. Minze kalt abspülen, trockentupfen, die Blättchen von den Stängeln zupfen und in Streifen schneiden.

5 Vor dem Servieren Schinkenwürfel und Minzestreifen unter die Suppe rühren.

Tipp:
Nach Belieben die Suppe mit etwas gemahlenem Zimt würzen.
Sie können die Suppe bereits am Vortag bis einschließlich Punkt 3 zubereiten.

Kohlrabitopf mit Bratwurstklösschen

Zubereitungszeit: 55 Min.

Pro Portion:
E: 14 g, F: 32 g, Kh: 13 g, kJ: 1662, kcal: 396

- **1 kg Kohlrabi (etwa 4 Stück)**
- **50 g Butter**
- **2 l Gemüsebrühe**
- **250 ml (1/4 l) Schlagsahne**
- **2 Beutel Kartoffel-Püree (für je 1–2 Personen)**
- **4 grobe, ungebrühte Bratwürste**
- **Salz**
- **frisch gemahlener Pfeffer**
- **etwas Currypulver**
- **1 EL in Streifen geschnittene, glatte Petersilie**

1 Kohlrabi schälen, waschen, halbieren und erst in Scheiben, dann in Streifen schneiden.

2 Butter in einem großen Topf zerlassen. Kohlrabistreifen darin andünsten. Gemüsebrühe und Sahne hinzufügen. Kartoffelpüreepulver unterrühren, alles wieder zum

(Fortsetzung Seite 44)

Kochen bringen und etwa 15 Minuten garen.

3 Die Bratwurstmasse portionsweise aus der Haut drücken, daraus kleine Klößchen formen und ebenfalls in die Suppe geben. Die Klößchen etwa 10 Minuten in der Suppe bei schwacher Hitze gar ziehen lassen.

4 Die Suppe mit Salz, Pfeffer und Currypulver würzen und mit Petersilie bestreut servieren.

Konfetti-Suppe

Zubereitungszeit: 90 Min.

Pro Portion:
E: 2 g, F: 23 g, Kh: 7 g, kJ: 1087, kcal: 259

Für das Gemüse-Konfetti:

- **je 1 rote, grüne und gelbe Paprikaschote (je 150 g)**
- **1 Zucchini (200 g)**
- **2 dicke Möhren**

Für die Suppe:

- **2 l Gemüsefond oder -brühe**
- **200 ml Weißwein**
- **2 Pck. (je 250 ml) Sauce Hollandaise (Fertigprodukt)**
- **200 ml Schlagsahne**
- **Salz**
- **frisch gemahlener Pfeffer**
- **geriebene Muskatnuss**

1 Für das Gemüse-Konfetti Paprikaschoten vierteln, entstielen, entkernen, die weißen Scheidewände entfernen und die Schoten waschen. Zucchini waschen und die Enden abschneiden. Möhren putzen, schälen und waschen. Zucchini und Möhren mit einer Aufschnittmaschine oder einem scharfen Gemüsehobel längs in Scheiben schneiden.

2 Aus den Gemüsescheiben und Paprikavierteln mit Hilfe eines kleinen, runden Metallausstechers oder einer Lochtülle des Spritzbeutels Plättchen ausstechen.

3 Für die Suppe Gemüsefond oder -brühe und Weißwein in einem großen Topf zum Kochen bringen. Die Sauce Hollandaise unterrühren, wieder zum Kochen bringen und alles etwa 10 Minuten unter Rühren kochen lassen.

4 Sahne dazugeben und die Suppe mit Salz, Pfeffer und Muskatnuss würzen.

5 Gemüse-Konfetti in Salzwasser kurz blanchieren, abgießen und in die Suppe geben.

Tipp:
Sie können die Gemüsereste vom Ausstechen in etwas von der Gemüsebrühe auskochen, durch ein Sieb gießen und die Brühe dann zu der übrigen Suppe geben.
Schneller geht´s, wenn Sie das Gemüse nicht ausstechen, sondern in feine Würfel schneiden.

Krabbensuppe

Foto
Zubereitungszeit: 45 Min.

Pro Portion:
E: 15 g, F: 10 g, Kh: 5 g,
kJ: 752, kcal: 179

- **6 Schalotten**
- **125 g Knollensellerie**
- **2–3 Möhren**
- **1 große gelbe Paprikaschote**
- **60 g Butter**
- **2 EL Olivenöl**
- **1 1/2 l Fischfond oder -brühe**
- **Salz**
- **bunter, grober Pfeffer**
- **50 g Krebssuppenpaste**
- **400–500 g Nordsee-Krabben (ohne Schale)**
- **einige Dillzweige**

1 Schalotten abziehen. Sellerie und Möhren putzen, schälen und waschen. Paprikaschote halbieren, entstielen, entkernen, die weißen Scheidewände entfernen und die Schote waschen. Die vorbereiteten Zutaten in Würfel schneiden.

2 Butter und Öl in einem großen Topf erhitzen. Die Gemüsewürfel darin andünsten. Mit Fischfond oder -brühe auffüllen, zum Kochen bringen und etwa 10 Minuten kochen lassen.

3 Die Suppe mit Salz und Pfeffer würzen und mit der Krebssuppenpaste binden. Krabben hinzufügen und erhitzen. Die Suppe mit Dillzweigen garnieren.

Beilage:
Blätterteigstangen.

Jägersuppe

Zubereitungszeit: 30 Min.

Pro Portion:
E: 7 g, F: 14 g, Kh: 13 g,
kJ: 1017, kcal: 243

- **2 Zwiebeln**
- **1 Glas Pfifferlinge (Abtropfgewicht 185 g)**
- **1 Glas Stockschwämmchen (Abtropfgewicht 155 g)**
- **1 Glas Champignons (Abtropfgewicht 315 g)**
- **50 g Butter**
- **1 l Gemüsebrühe**
- **500 ml (1/2 l) Rotwein**
- **250 ml (1/4 l) roter Traubensaft**
- **1 Beutel Fix für Jägertopf „Hubertus"**
- **1 Glas Wildpreiselbeeren (220 g)**
- **2 ungebrühte, grobe Bratwürste**
- **1 Bund glatte Petersilie**
- **Salz**
- **frisch gemahlener Pfeffer**
- **getrockneter Thymian**
- **etwas getrockneter Rosmarin**

1 Zwiebeln abziehen und würfeln. Die 3 Pilzsorten in einem Sieb abtropfen lassen. Butter in einem Topf zerlassen. Die Zwiebelwürfel darin andünsten.

2 Pilze hinzufügen und kurz mitdünsten. Gemüsebrühe hinzugießen, alles zum Kochen bringen und etwa 5 Minuten kochen lassen.

3 Rotwein und Traubensaft hinzufügen. Fix für Jägertopf mit einem Schneebesen einrühren. Preiselbeeren dazugeben.

(Fortsetzung Seite 48)

4 Die Bratwurstmasse portionsweise aus der Haut drücken, zu Klößchen formen und in die Suppe geben. Die Suppe langsam zum Kochen bringen und die Klößchen bei schwacher Hitze etwa 5 Minuten garen.

5 Petersilie kalt abspülen, trockentupfen, die Blättchen von den Stängeln zupfen und klein schneiden.

6 Die Suppe mit Salz, Pfeffer, Thymian und Rosmarin würzen und mit Petersilie bestreut servieren.

Tipp:
Die Suppe schmeckt etwas milder, wenn Sie zusätzlich 200–250 ml Schlagsahne unterrühren.

Räucherfisch-Rahmsuppe

Zubereitungszeit: 65 Min.

Pro Portion:
E: 26 g, F: 30 g, Kh: 24 g, kJ: 2057, kcal: 491

- **300 g Knollensellerie**
- **2 Zwiebeln**
- **60 g Butter oder Margarine**
- **3 EL Weizenmehl**
- **1,6 l Gemüsebrühe**
- **1 Dose rote Bohnen (Abtropfgewicht 550 g)**
- **1 Glas (400 ml) Fischfond**
- **400 ml Schlagsahne**
- **je 150 g Räucheraalfilet, Schillerlocken und geräucherte Forellenfilets**
- **Salz**
- **frisch gemahlener Pfeffer**

1 Sellerie putzen, schälen und waschen. Zwiebeln abziehen. Beide Zutaten in kleine Würfel schneiden.

2 Butter oder Margarine in einem großen Topf erhitzen. Zwiebel- und Selleriewürfel darin andünsten.

3 Mehl darüber stäuben und verrühren. Gemüsebrühe hinzugießen, alles zum Kochen bringen und etwa 20 Minuten kochen lassen.

4 Bohnen in ein Sieb geben, kalt abspülen, abtropfen lassen und mit Fischfond und Sahne hinzufügen. Alles noch weitere 10 Minuten bei schwacher Hitze kochen lassen.

5 In der Zwischenzeit den Fisch in Stücke schneiden, in die Suppe geben und kurz miterhitzen. Die Suppe mit Salz und Pfeffer würzen.

Tipp:
Sie können zusätzlich einige Kartoffelwürfel mitgaren und die Suppe mit gehacktem Dill und Kerbelblättchen verfeinern.

Gazpacho aus Tomaten (Kalte Tomatensuppe aus Spanien)

Zubereitungszeit: 60 Min., ohne Kühlzeit

Pro Portion:
E: 4 g, F: 23 g, Kh: 17 g, kJ: 1286, kcal: 307

- **8 Scheiben Weißbrot (vom Vortag)**
- **1 1/2 kg reife, saftige Tomaten**
- **2 grüne Paprikaschoten (je 150 g)**
- **2 kleine Salatgurken (je 500 g)**
- **4 Schalotten oder 1 milde Gemüsezwiebel**
- **200 ml Olivenöl**
- **6 EL Weinessig**
- **Salz**
- **frisch gemahlener Pfeffer**
- **etwas Zucker**
- **evtl. einige Eiswürfel**

1 Zwei Scheiben Weißbrot fein würfeln, die restlichen Scheiben in etwas kaltem Wasser einweichen.

2 Tomaten waschen, abtropfen lassen, kreuzweise einschneiden, kurz in kochendes Wasser legen und mit kaltem Wasser abschrecken. Tomaten enthäuten und die Stängelansätze herausschneiden.

3 Paprikaschoten halbieren, entstielen, entkernen, die weißen Scheidewände entfernen und die Schoten waschen. Gurken schälen. Schalotten oder Gemüsezwiebel abziehen.

4 Tomaten, Paprika, Gurken und Schalotten oder Gemüsezwiebel fein würfeln. Von den Tomaten-, Paprika- und Gurkenwürfeln jeweils 2 Esslöffel zum Garnieren beiseite stellen.

5 Das eingeweichte Brot ausdrücken und mit Öl und Essig pürieren. Dann die Gemüsewürfel nach und nach zufügen und so lange pürieren, bis eine cremige Suppe entstanden ist. Die Suppe mit Salz, Pfeffer und Zucker pikant würzen und mindestens 1 Stunde kalt stellen.

6 Vor dem Servieren nach Belieben einige Eiswürfel in die Suppe geben. Die Suppe mit den zurückgelassenen Gemüse- und Brotwürfeln garnieren oder sie in kleinen Schalen getrennt dazu servieren.

Tipp:
Schneller geht's, wenn Sie anstelle der frischen Tomaten 2 Dosen (je 800 g) geschälte Tomaten verwenden. Anstelle von Essig können Sie auch Rotwein verwenden.

Salsa-Suppe

Foto
Zubereitungszeit: 35 Min.

Pro Portion:
E: 20 g, F: 12 g, Kh: 52 g,
kJ: 1733, kcal: 414

- **1 Bund Frühlingszwiebeln**
- **1 Dose Kidneybohnen (Abtropfgewicht 500 g)**
- **1 Dose Gemüsemais (Abtropfgewicht 265 g)**
- **2 EL Speiseöl**
- **etwa 40 g Weizenmehl**
- **1 l Gemüsebrühe**
- **700 ml Tomaten-Chili-Sauce (z. B. Texicana Salsa)**
- **1 Glas (330 g) Ajvar (Paprikapaste)**
- **Salz**
- **frisch gemahlener Pfeffer**
- **1 Pck. (25 g) TK-Petersilie**

1 Frühlingszwiebeln putzen, waschen und in Ringe schneiden. Kidneybohnen und Mais in ein Sieb geben, kalt abspülen und abtropfen lassen.

2 Öl in einem Topf erhitzen. Die Frühlingszwiebelringe darin andünsten. Mit Mehl bestäuben, mit Gemüsebrühe ablöschen und glatt rühren. Tomaten-Chili-Sauce, Ajwar, Kidneybohnen und Mais nacheinander in die Suppe geben und erhitzen.

3 Die Suppe etwa 10 Minuten kochen lassen, anschließend mit Salz und Pfeffer würzen. Mit Petersilie bestreut servieren.

Beilage:
Fladenbrot.

Bunte Tomatensuppe

Titelfoto
Zubereitungszeit: 50 Min.

Pro Portion:
E: 5 g, F: 18 g, Kh: 9 g,
kJ: 903, kcal: 216

- **150 g durchwachsener Speck, 2 Zwiebeln**
- **je 1 große rote und gelbe Paprikaschote (je 200 g)**
- **400 g Knollensellerie**
- **4 Stangen Staudensellerie**
- **6 Tomaten**
- **5 EL Speiseöl**
- **3 EL Tomatenmark**
- **1,2 l Gemüsebrühe**
- **1 Dose (800 g) geschälte Tomaten**
- **Salz, Pfeffer**
- **etwas Zucker**
- **Cayennepfeffer**
- **1 Bund glatte Petersilie**

1 Speck würfeln. Zwiebeln abziehen und ebenfalls in Würfel schneiden. Paprikaschoten halbieren, entstielen, entkernen, die weißen Scheidewände entfernen, die Schoten waschen und in Streifen schneiden.

2 Knollensellerie putzen, schälen, waschen und in kleine Würfel schneiden. Staudensellerie putzen, waschen, die harten Außenfäden abziehen und die Stangen in Streifen schneiden.

3 Tomaten waschen, abtropfen lassen, kreuzweise einschneiden, kurz in kochendes Wasser legen und mit kaltem Wasser abschrecken. Tomaten enthäuten, die Stängelansätze herausschneiden und das Fruchtfleisch in Spalten schneiden.

(Fortsetzung Seite 54)

4 Öl in einem großen Topf erhitzen. Die Speckwürfel darin auslassen. Zwiebelwürfel zu dem Speck geben und kurz mitdünsten. Tomatenmark unterrühren. Paprikastreifen, Knollenselleriewürfel und Staudenselleriestreifen hinzufügen und kurz mit andünsten. Mit Gemüsebrühe auffüllen. Alles zum Kochen bringen und etwa 10 Minuten kochen lassen.

5 Tomaten mit Hilfe einer Gabel in der Dose etwas zerdrücken und mit der Flüssigkeit hinzufügen. Mit Salz, Pfeffer, Zucker und Cayennepfeffer kräftig würzen. Die Suppe etwa 5 Minuten kochen lassen. Tomatenspalten hinzufügen und in der Suppe erhitzen.

6 Petersilie kalt abspülen, trockentupfen, die Blättchen von den Stängeln zupfen, in Streifen schneiden und in die Suppe geben.

■ **Tipp:**

Sie können die Suppe nach Belieben auch mit Mettklößchen servieren. Dazu aus 250 g Thüringer Mett (gewürztes Schweinegehacktes) kleine Bällchen formen, zum Schluss in die Suppe geben, zum Kochen bringen und in etwa 10 Minuten gar ziehen lassen.

Rheinische Bohnensuppe

Zubereitungszeit: 100 Min.

Pro Portion:
E: 23 g, F: 17 g, Kh: 19 g, kJ: 1366, kcal: 256

- **800 g Dicke Rippe**
- **2 1/2 l kaltes Salzwasser**
- **1 Gemüsezwiebel (etwa 100 g)**
- **2 EL Speiseöl**
- **600 g fest kochende Kartoffeln**
- **1 kg TK-grüne-Bohnen**
- **1 Bund Bohnenkraut**
- **etwas Kräuteressig**
- **Salz**
- **frisch gemahlener Pfeffer**
- **etwas Zucker**

1 Die Dicke Rippe unter fließendem kalten Wasser abspülen, trockentupfen und in 3 Stücke schneiden. Die Stücke in das Salzwasser geben und zum Kochen bringen.

2 In der Zwischenzeit Gemüsezwiebel abziehen und würfeln. Öl in einer Pfanne erhitzen, die Zwiebelwürfel darin andünsten und zu dem Fleisch in die Brühe geben. Alles etwa 50 Minuten kochen lassen.

3 Kartoffeln waschen, schälen, abspülen und in kleine Würfel schneiden. Kartoffelwürfel und Bohnen hinzugeben, alles wieder zum Kochen bringen und noch 20 Minuten kochen lassen.

4 Dann das Fleisch herausnehmen, klein schneiden und zurück in die Suppe geben. Bohnenkraut kalt abspülen, trockentupfen und grob hacken. Die Suppe mit Essig, Salz, Pfeffer, Zucker und Bohnenkraut würzen.

■ **Beilage:**

Zwiebel- oder Kümmelbrot mit Butter.

■ **Tipp:**

Nach Belieben 200 g durchwachsenen Speck in Würfel schneiden, in einer Pfanne auslassen und zu der Suppe reichen.

Mexikanische Bohnensuppe

Zubereitungszeit: 70 Min.

Pro Portion:
E: 35 g, F: 21 g, Kh: 41 g,
kJ: 2206, kcal: 527

- **4 Zwiebeln**
- **je 1 gelbe, rote und grüne Paprikaschote (je etwa 200 g)**
- **2 Stangen Porree (Lauch)**
- **2 rote Chilischoten**
- **5 EL Olivenöl**
- **500 g Rindergehacktes**
- **2 Knoblauchzehen**
- **Salz**
- **frisch gemahlener Pfeffer**
- **getrockneter Oregano**
- **Paprikapulver rosenscharf**
- **2 Beutel mexikanische Gewürzmischung**
- **4–6 EL Tomatenmark**
- **1–1 ½ l Fleischbrühe**
- **2 Dosen Kidneybohnen (Abtropfgewicht je 255 g)**
- **2 Dosen (je 420 g) Baked Beans**
- **4 EL gehackte Petersilie**

Beilage:

Baguette.

1 Zwiebeln abziehen, halbieren und in Scheiben schneiden. Paprikaschoten vierteln, entstielen, entkernen, die weißen Scheidewände entfernen, die Schoten waschen und in Streifen schneiden.

2 Porree putzen, gründlich waschen und in Ringe schneiden. Chilischoten halbieren, entstielen, entkernen, die Schoten waschen und in kleine Stücke schneiden.

3 Öl in einem großen Topf erhitzen. Die Zwiebelscheiben darin andünsten. Das Rindergehackte hinzufügen und bei mittlerer Hitze anbraten, dabei die Fleischklümpchen mit einer Gabel zerdrücken.

4 Knoblauch abziehen, durch eine Knoblauchpresse drücken und über das Gehackte geben. Mit Salz, Pfeffer, Oregano, Paprikapulver und der mexikanischen Gewürzmischung würzen.

5 Tomatenmark, Paprikastreifen, Porreeringe und Chilischotenstücke dazugeben und umrühren. Fleischbrühe dazugießen, alles zum Kochen bringen und bei schwacher Hitze etwa 15 Minuten leicht kochen lassen.

6 Kidneybohnen in ein Sieb geben, kalt abspülen und abtropfen lassen. Kidneybohnen und die gebackenen Bohnen mit der Flüssigkeit in die Suppe geben und erhitzen. Die Bohnensuppe nochmals mit den Gewürzen kräftig abschmecken und mit Petersilie bestreut servieren.

Tipp:

Baked Beans sind weiße Bohnen in Tomatensauce. Sie sind auch unter dem Namen „Gebackene Bohnen" im Handel erhältlich.

Cancha Mexicana (Mexikanischer Bohnen-Geflügel-Topf)

Foto
Zubereitungszeit: 65 Min.

Pro Portion:
E: 34 g, F: 7 g, Kh: 24 g,
kJ: 1254, kcal: 300

- **2 gelbe Paprikaschoten (je etwa 150 g)**
- **5 Hähnchenbrustfilets (je 150 g)**
- **4 EL Speiseöl**
- **2 l Hühnerbrühe**
- **1 Dose grüne Bohnenkerne (Flageolets; Abtropfgewicht 250 g)**
- **1 Dose Kidneybohnen (Abtropfgewicht 250 g)**
- **1 Dose Gemüsemais (Abtropfgewicht 285 g)**
- **Salz**
- **frisch gemahlener Pfeffer**
- **4 EL süße Chilisauce**

1 Paprikaschoten halbieren, entstielen, entkernen, die weißen Scheidewände entfernen, die Schoten waschen und würfeln.

2 Fleisch unter fließendem kalten Wasser abspülen, trockentupfen und in Würfel schneiden.

3 Öl in einem großen Topf erhitzen. Fleisch- und Paprikawürfel darin anbraten. Hühnerbrühe hinzufügen und alles 35 Minuten bei schwacher Hitze kochen lassen.

4 Beide Sorten Bohnen und Mais abtropfen lassen und hinzufügen. Mit Salz, Pfeffer und Chilisauce pikant würzen. Die Suppe wieder zum Kochen bringen und noch etwa 10 Minuten leicht kochen lassen.

Tipp:
Zu der Suppe Taco-Chips oder ofenwarme Tortillas reichen.

Möhrensuppe mit Ingwer

Zubereitungszeit: 60 Min.

Pro Portion:
E: 10 g, F: 20 g, Kh: 13 g,
kJ: 1208, kcal: 288

- **1 kg Möhren**
- **1 Zwiebel**
- **60 g frischer Ingwer**
- **60 g Butter oder Margarine**
- **1 gestr. EL Currypulver**
- **1 ½ l Gemüsebrühe**
- **Salz**
- **frisch gemahlener Pfeffer**
- **1 Beutel Kartoffelpüree (für 1–2 Portionen)**
- **1 Dose (400 ml) Kokosmilch**
- **300 g gekochter Schinken**
- **200 ml Schlagsahne**
- **30 g abgezogene, gehobelte Mandeln**
- **einige Minzeblättchen**

1 Möhren putzen, schälen und waschen. Zwiebel abziehen. Beide Zutaten in Würfel schneiden. Ingwer schälen und ganz fein würfeln.

2 Butter oder Margarine in einem großen Topf zerlassen. Möhren-, Zwiebel- und Ingwerwürfel darin andünsten. Currypulver darüber stäuben und gut verrühren. Gemüse-

(Fortsetzung Seite 60)

brühe hinzugießen, alles zum Kochen bringen und etwa 20 Minuten kochen lassen.

3 Die Suppe fein pürieren und mit Salz und Pfeffer würzen. Kartoffelpüreepulver und Kokosmilch hinzufügen, alles unter Rühren wieder zum Kochen bringen und unter gelegentlichem Umrühren etwa 10 Minuten kochen lassen.

4 In der Zwischenzeit den Schinken in Würfel schneiden. Sahne halb steif schlagen. Schinkenwürfel in die Suppe geben und darin erhitzen.

5 Die Suppe mit Sahne, Mandelblättchen und Minzeblättchen garniert servieren.

■ **Tipp:**
Nach Belieben die Mandeln in einer Pfanne ohne Fett bräunen.

Grüne-Bohnen-Tomaten-Eintopf

Zubereitungszeit: 90 Min.

Pro Portion:
E: 32 g, F: 21 g, Kh: 19 g, kJ: 1778, kcal: 425

- **1 kg Rindfleisch**
- **4 mittelgroße Zwiebeln**
- **5 EL Speiseöl**
- **Salz**
- **frisch gemahlener Pfeffer**
- **1 l Fleischbrühe**
- **1 kg grüne Bohnen**
- **6 mittelgroße Kartoffeln**
- **1,2 kg Tomaten**
- **einige Zweige Oregano**

1 Rindfleisch unter fließendem kalten Wasser abspülen, trockentupfen und in kleine Würfel schneiden. Zwiebeln abziehen und ebenfalls würfeln.

2 Öl in einem großen Topf erhitzen. Die Fleischwürfel portionsweise darin von allen Seiten anbraten. Zwiebelwürfel hinzufügen und mit anbraten. Alles mit Salz und Pfeffer bestreuen. Fleischbrühe hinzufügen, zum Kochen bringen und etwa 30 Minuten schmoren lassen.

3 In der Zwischenzeit von den grünen Bohnen die Enden abschneiden, die Bohnen evtl. abfädeln, waschen und in Stücke schneiden. Kartoffeln waschen, schälen, abspülen und fein würfeln.

4 Beide Zutaten zu dem Fleisch geben, umrühren, wieder zum Kochen bringen und noch etwa 30 Minuten garen.

5 In der Zwischenzeit Tomaten waschen, abtropfen lassen, kreuzweise einschneiden, kurz in kochendes Wasser legen und mit kaltem Wasser abschrecken. Tomaten enthäuten, die Stängelansätze herausschneiden und das Fruchtfleisch vierteln oder achteln.

6 Die Tomatenviertel bzw.-achtel zu dem Eintopf geben, mit Salz, Pfeffer und Oregano gut würzen und den Eintopf weitere 5–10 Minuten garen.

■ **Tipp:**
Die Suppe schmeckt etwas kräftiger, wenn Sie sie zum Schluss mit etwas Bohnenkraut abschmecken.

Sauerkrautsuppe mit Croûtons

Zubereitungszeit: 60 Min.

Pro Portion:
E: 5 g, F: 27 g, Kh: 22 g,
kJ: 1716, kcal: 409

Für die Croûtons:

- **8 Scheiben Weißbrot**
- **80–100 g Butter**

Für die Suppe:

- **3 mittelgroße Zwiebeln**
- **3 EL Butter oder Margarine**
- **750 g Sauerkraut**
- **600 ml Weißwein**
- **1 1/2 l Gemüsebrühe**
- **75 g Weizenmehl**
- **375 ml (3/8 l) Schlagsahne**
- **Salz**
- **frisch gemahlener Pfeffer**
- **etwas Zucker**

1 Für die Croûtons Weißbrot in kleine Würfel schneiden. Butter zerlassen und die Weißbrotwürfel darin unter ständigem Rühren goldbraun braten.

2 Für die Suppe Zwiebeln abziehen und fein würfeln. Butter oder Margarine in einem großen Topf zerlassen. Die Zwiebelwürfel darin andünsten. Sauerkraut locker zupfen, hinzufügen und mitdünsten lassen.

3 Weißwein und Gemüsebrühe hinzufügen, alles zum Kochen bringen und etwa 25 Minuten kochen lassen.

4 Mehl mit Sahne verrühren, unter die Suppe rühren, alles zum Kochen bringen und einige Minuten schwach kochen lassen. Die Suppe mit Salz, Pfeffer und Zucker würzen.

5 Die Suppe in vorgewärmte Suppentassen oder -teller geben, die Croûtons darauf verteilen und sofort servieren.

Abwandlung:
Die Suppe wird sättigender, wenn Sie geräucherte Mettwürstchen mitkochen. Die Würstchen dann vor dem Servieren in Scheiben schneiden.
Sie können auch Brühwürstchen zu der Suppe reichen.

Vorbereitungstipp:
Sie können die Suppe bereits am Vortag vorbereiten. Die Suppe dann aber erst kurz vor dem Servieren mit dem mit Sahne angerührten Mehl andicken. Auch die Croûtons können bereits fertig geröstet in einer gut schließenden Schüssel mindestens 1 Tag aufbewahrt werden.

Italienische Kichererbsensuppe

Zubereitungszeit: 70 Min.

Pro Portion:
E: 22 g, F: 26 g, Kh: 53 g, kJ: 2372, kcal: 566

- **3 Zwiebeln**
- **3 Knoblauchzehen**
- **350 g Staudensellerie**
- **500 g Tomaten**
- **2 Bund Petersilie**
- **6 EL Olivenöl**
- **9–10 Dosen Kichererbsen (Abtropfgewicht je 240 g)**
- **5 EL gekörnte Gemüsebrühe**
- **getrockneter Majoran**
- **Salz**
- **frisch gemahlener Pfeffer**
- **8–10 Scheiben Vollkorn-Toastbrot**
- **8 EL Olivenöl**
- **150–200 g geriebener Parmesan-Käse**

1 Zwiebeln und Knoblauch abziehen und fein würfeln. Staudensellerie putzen, waschen, die harten Außenfäden abziehen und die Stangen in Stücke schneiden.

2 Tomaten waschen, abtropfen lassen, kreuzweise einschneiden, kurz in kochendes Wasser legen und mit kaltem Wasser abschrecken. Tomaten enthäuten, die Stängelansätze herausschneiden und das Fruchtfleisch würfeln.

3 Petersilie kalt abspülen, trockentupfen, die Blättchen von den Stängeln zupfen und fein hacken.

4 Öl in einem Topf erhitzen. Zwiebelwürfel darin glasig dünsten, Knoblauch- und Tomatenwürfel, Selleriestücke und Petersilie zugeben und alles zugedeckt etwa 10 Minuten dünsten. Dann etwas abkühlen lassen.

5 In der Zwischenzeit Kichererbsen in einem Sieb abtropfen lassen, dabei die Flüssigkeit auffangen und mit Wasser auf 2 1/2–3 l auffüllen. Die abgemessene Flüssigkeit in einem großen Topf zum Kochen bringen. Kichererbsen und gekörnte Gemüsebrühe hinzufügen und etwa 5 Minuten kochen lassen.

6 Die Gemüsemischung pürieren und zu den Kichererbsen geben. Alles mit Majoran, Salz und Pfeffer würzen und noch etwa 5 Minuten kochen lassen.

7 Toastbrot in kleine Würfel schneiden. Öl in einer Pfanne erhitzen. Die Brotwürfel darin knusprig braun braten, in die Suppenteller geben und mit Parmesan bestreuen. Die sehr heiße Suppe darüber gießen. Oder Brotwürfel und Parmesan getrennt zu der Suppe reichen.

Tipp:
Sie können die Suppe auch mit getrockneten Kichererbsen zubereiten. Dazu 900–1000 g Kichererbsen in 3 1/2 l Wasser über Nacht einweichen. Sie dann in dem Einweichwasser etwa 90 Minuten kochen. Abhängig von der Quellfähigkeit der Kichererbsen kann die verwendete Flüssigkeitsmenge etwas variieren.

Geflügelsuppe mit roten Linsen

Zubereitungszeit: 80 Min.

Pro Portion:
E: 45 g, F: 20 g, Kh: 60 g,
kJ: 2614, kcal: 621

- **4 Hähnchenbrustfilets (je 200 g)**
- **2 Zwiebeln**
- **2 Knoblauchzehen**
- **2 rote Paprikaschoten**
- **2 Peperoni**
- **6 EL Olivenöl**
- **700 g rote Linsen**
- **3–4 EL Weizenmehl**
- **3 l Gemüse- oder Geflügelbrühe**
- **Saft von 2 Zitronen**
- **2 TL Paprikapulver edelsüß**
- **Salz**
- **frisch gemahlener Pfeffer**
- **2 Zweige Thymian**
- **2 Lorbeerblätter**
- **8 Scheiben Weißbrot**
- **8 EL Olivenöl**

1 Hähnchenbrustfilets unter fließendem kalten Wasser abspülen, trockentupfen und in kleine Würfel schneiden. Zwiebeln und Knoblauch abziehen und fein würfeln.

2 Paprikaschoten und Peperoni halbieren, entstielen, entkernen, die weißen Scheidewände entfernen und die Schoten waschen. Paprika in Würfel schneiden. Peperoni fein hacken.

3 Öl in einem Topf erhitzen. Die Fleischwürfel darin rundherum anbräunen lassen und herausnehmen. Zwiebel- und Knoblauchwürfel in dem Bratfett andünsten. Paprikawürfel und Peperoni ebenfalls hinzufügen und kurz mitdünsten. Die Fleischwürfel wieder in den Topf geben.

4 Linsen und Mehl in den Topf geben und unterrühren. Gemüse- oder Geflügelbrühe unter Rühren hinzugießen und die Suppe zum Kochen bringen. Mit Zitronensaft, Paprikapulver, Salz und Pfeffer würzen.

5 Thymianzweige kalt abspülen, trockentupfen und mit Lorbeerblättern in die Suppe geben. Die Linsen bei schwacher Hitze etwa 25 Minuten ausquellen lassen.

6 In der Zwischenzeit Weißbrot würfeln. Öl in einer Pfanne erhitzen und die Brotwürfel darin goldgelb rösten.

7 Die Lorbeerblätter und Thymianzweige aus der Suppe entfernen und die Suppe nochmals kräftig mit den Gewürzen abschmecken. Mit den Weißbrotwürfeln bestreuen und sofort servieren.

Abwandlung:
Nach Belieben die Suppe zusätzlich mit 100 g geriebenem Käse, z. B. Emmentaler, bestreuen.

Vorbereitungstipp:
Die Suppe kann gut einige Stunden vorher oder am Vortag vorbereitet und vor dem Verzehr wieder erwärmt werden. Während des Erhitzens ab und zu umrühren, damit die Suppe nicht anbrennt. Die Brotwürfel dann getrennt dazu servieren. Sollte die Suppe durch das Stehen zu sehr nachdicken, noch etwas Brühe hinzufügen.

Rote Bohnensuppe

Zubereitungszeit: 2½ Std., ohne Einweichzeit

Pro Portion:
E: 53 g, F: 39 g, Kh: 59 g, kJ: 3462, kcal: 826

- **750 g getrocknete rote Bohnen**
- **3½ l kaltes Wasser**
- **1 kg geräucherte Dicke Rippe**
- **4 Rauchenden (Mettwürste)**
- **4 Stangen Porree (Lauch)**
- **4 Möhren**
- **1 kg Kartoffeln**
- **12–14 TL körnige Instant-Fleischbrühe**
- **1–1½ Becher (150–225 g) Crème fraîche**
- **Salz**
- **frisch gemahlener Pfeffer**
- **einige Zweige Majoran**

1 Bohnen in dem Wasser 12–24 Stunden einweichen.

2 Dicke Rippe und Rauchenden unter fließendem kalten Wasser abspülen. Die Bohnen mit dem Einweichwasser in einen großen Topf geben, Fleisch und Rauchenden hinzufügen, alles zum Kochen bringen und in 75–90 Minuten knapp gar kochen lassen.

3 In der Zwischenzeit Porree putzen, längs halbieren, gründlich waschen und in Streifen schneiden. Möhren putzen, schälen, waschen und in Stifte schneiden. Kartoffeln waschen, schälen, abspülen und würfeln.

4 Porreestreifen, Möhrenstifte und Kartoffelwürfel mit der Instant-Fleischbrühe in die Suppe geben, wieder zum Kochen bringen und noch etwa 15 Minuten kochen lassen.

5 Fleisch und Rauchenden aus der Suppe nehmen, klein schneiden, mit Crème fraîche wieder in die Suppe geben und erhitzen. Die Suppe mit Salz und Pfeffer würzen.

6 Majoran kalt abspülen, trockentupfen, die Blättchen von den Stängeln zupfen und die Suppe damit garnieren.

Vorbereitungstipp:
Sie können die Suppe bereits am Vortag zubereiten. Dann Crème fraîche erst nach dem Aufwärmen unterrühren. Die Suppe langsam bei schwacher Hitze erwärmen, dabei häufiger umrühren, damit sie nicht anbrennt.

Tipp:
Anstelle von getrockneten roten Bohnen können Sie auch 6–7 Dosen Kidneybohnen (Abtropfgewicht je 255 g) verwenden. Kochen Sie dann die Dicke Rippe und die Rauchenden in 2¾–3 l Wasser etwa 75 Minuten. Die abgetropften und abgespülten Bohnen dann mit der Crème fraîche in die Suppe geben und erhitzen.

Japanischer Tofu-Eintopf

Zubereitungszeit: 60 Min.

Pro Portion:
E: 11 g, F: 10 g, Kh: 20 g, kJ: 967, kcal: 230

- **1 ½ l Gemüsebrühe**
- **500 g Schwarzwurzeln**
- **Essigwasser**
- **375 g Möhren**
- **375 g Kartoffeln**
- **375 g weißer Rettich**
- **2 Bund Frühlingszwiebeln**
- **500 g Shiitake-Pilze**
- **700–800 g Tofu**
- **4 EL Sesamöl**
- **4 EL Sojasauce**
- **Cayennepfeffer**

1 Gemüsebrühe in einen Topf geben und zum Kochen bringen.

2 In der Zwischenzeit Schwarzwurzeln unter fließendem, kalten Wasser abbürsten, schälen, erst in 3 cm lange Stücke, dann in dünne Stifte schneiden und sofort in Essigwasser legen, damit sich die Schwarzwurzeln nicht verfärben.

3 Möhren putzen, schälen und waschen. Kartoffeln waschen, schälen und abspülen. Rettich putzen, schälen und waschen. Die 3 Zutaten vierteln und in dünne Scheiben schneiden.

4 Frühlingszwiebeln putzen, waschen, dicke Zwiebeln halbieren oder vierteln und in 1 cm lange Stücke schneiden. Pilze putzen, mit Küchenpapier abreiben, evtl. abspülen, Stiele herausdrehen und die Köpfe in feine Streifen schneiden.

5 Schwarzwurzelstifte abtropfen lassen und mit Möhren-, Kartoffel- und Rettichscheiben in die kochende Brühe geben. Alles wieder zum Kochen bringen und bei schwacher Hitze etwa 5 Minuten köcheln lassen.

6 Frühlingszwiebelstücke und Pilzstreifen hinzufügen und kurz mitkochen lassen.

7 Tofu in Würfel schneiden, zum Eintopf geben und erhitzen. Den Eintopf mit Sesamöl, Sojasauce und Cayennepfeffer würzen.

Tipp:
Beim Schälen der Schwarzwurzeln am besten Gummihandschuhe tragen, da der austretende Milchsaft klebrig ist und Flecken hinterlässt. Die Schwarzwurzeln lassen sich besser schälen, wenn Sie sie vorher in kochendes Wasser geben, einige Minuten kochen und etwas abkühlen lassen.

Chinakohl-Stew

Zubereitungszeit: 2 Std.

Pro Portion:
E: 31 g, F: 28 g, Kh: 4 g,
kJ: 1825, kcal: 437

- **400 g Rindfleisch**
- **400 g Lammfleisch**
- **400 g Schweinefleisch**
- **4 Zwiebeln**
- **2 Knoblauchzehen**
- **4–5 EL Speiseöl**
- **Salz**
- **frisch gemahlener Pfeffer**
- **600 ml Wasser oder Fleischbrühe**
- **1 3/4 kg Chinakohl**
- **4 Tomaten**
- **250 ml (1/4 l)–375 ml (3/8 l) Wasser oder Fleischbrühe**
- **250 ml (1/4 l) Weißwein**

1 Alle Fleischsorten unter fließendem kalten Wasser abspülen, trockentupfen und in kleine Würfel schneiden. Zwiebeln abziehen und in Scheiben schneiden. Knoblauch abziehen und durch die Knoblauchpresse drücken.

2 Speiseöl in einem großen Topf erhitzen. Die Fleischwürfel darin portionsweise anbraten und mit Salz und Pfeffer würzen.

3 Zwiebeln und Knoblauch zum Fleisch geben und kurz mitbraten lassen. Wasser oder Brühe hinzufügen, alles zum Kochen bringen und etwa 45 Minuten schmoren lassen.

4 In der Zwischenzeit Chinakohl putzen, den Kohl halbieren und den Strunk herausschneiden. Den Kohl in schmale Streifen schneiden, waschen und gut abtropfen lassen oder trockenschleudern.

5 Tomaten waschen, abtropfen lassen, kreuzweise einschneiden, kurz in kochendes Wasser legen und mit kaltem Wasser abschrecken. Tomaten enthäuten, die Stängelansätze herausschneiden und das Fruchtfleisch vierteln.

6 Tomatenviertel mit Chinakohlstreifen und Wasser oder Brühe zum Fleisch geben. Alles wieder zum Kochen bringen, nochmals mit Salz und Pfeffer würzen und zugedeckt etwa 30 Minuten schmoren lassen.

7 Das Stew vorsichtig umrühren, Weißwein hinzugießen und noch einige Minuten erhitzen.

Tipp:
Dazu schmeckt frisches Vollkornbrot. Ein Stew ist ein Eintopfgericht, das möglichst lange ungestört schmoren sollte.

Backofensuppe

Foto
Zubereitungszeit: 110 Min.

Pro Portion:
E: 34 g, F: 37 g, Kh: 28 g,
kJ: 2553, kcal: 610

- **1 kg Putenbrust**
- **6 EL Sojasauce**
- **2 EL Currypulver**
- **Salz**
- **frisch gemahlener Pfeffer**
- **1 Dose Pfirsichhälften (Abtropfgewicht 490 g)**
- **2 Gläser Champignonscheiben (Abtropfgewicht je 315 g)**
- **300 g TK-Erbsen**
- **1 l Schlagsahne**
- **2 Pck. Currysauce mit Paprikastücken (für je 250 ml Wasser)**
- **200 ml Curry-Ketchup**
- **500 ml (1/2 l) Gemüsebrühe**

1 Putenbrust unter fließendem kalten Wasser abspülen, trockentupfen und zuerst in Scheiben, dann in Streifen schneiden. Die Fleischstreifen mit Sojasauce und Currypulver mischen, in einen großen Bräter geben und mit wenig Salz und Pfeffer bestreuen.

2 Pfirsichhälften in einem Sieb abtropfen lassen, in Spalten schneiden und hinzufügen. Champignonscheiben in einem Sieb abtropfen lassen und mit den Erbsen ebenfalls hinzufügen.

3 Sahne mit Currysaucenpulver verrühren, mit Ketchup und Gemüsebrühe mischen, ebenfalls in den Bräter geben und alles umrühren. Den Bräter auf dem Rost in den Backofen schieben.

Ober-/Unterhitze:
etwa 200 °C (vorgeheizt)
Heißluft: etwa 180 °C
(nicht vorgeheizt)
Gas: Stufe 3–4 (nicht vorgeheizt)
Garzeit: etwa 90 Min.

Käse-Lauch-Suppe mit Lachs

Zubereitungszeit: 65 Min.

Pro Portion:
E: 16 g, F: 22 g, Kh: 23 g,
kJ: 1752, kcal: 418

- **1 kg Kartoffeln**
- **1 Zwiebel**
- **3–4 Stangen Porree (Lauch)**
- **60 g Butter**
- **2 l Gemüsebrühe**
- **250 ml (1/4 l) Schlagsahne**
- **150 g TK-Erbsen**
- **3 Ecken Sahne-Schmelzkäse (etwa 180 g)**
- **Salz**
- **frisch gemahlener Pfeffer**
- **etwas Currypulver**
- **3 TK-Lachsfilets (je 125 g)**
- **einige frische Kerbelblättchen**

1 Kartoffeln waschen, schälen, abspülen und in Würfel schneiden. Zwiebel abziehen und würfeln. Porree putzen, gründlich waschen und 2 Stangen in grobe Stücke schneiden.

2 Butter in einem großen Topf zerlassen. Kartoffelwürfel darin andünsten. Zwiebelwürfel hinzu-

(Fortsetzung Seite 76)

fügen und kurz mitdünsten. Porreestücke mit in den Topf geben, mit Gemüsebrühe auffüllen, alles zum Kochen bringen und etwa 20 Minuten kochen lassen.

3 Den restlichen Porree in feine Streifen schneiden. Nach Beendigung der Garzeit Porreestücke herausnehmen und die Kartoffelwürfel mit der Brühe pürieren. Porreestreifen mit Sahne und Erbsen in die Suppe geben und 10–15 Minuten garen.

4 Schmelzkäse hinzufügen und bei schwacher Hitze unter Rühren schmelzen lassen. Die Suppe mit Salz, Pfeffer und Currypulver würzen.

5 Lachsfilets nur kurz antauen lassen, evtl. kalt abspülen, trockentupfen und in sehr feine Scheiben schneiden. Jeweils einige Lachsscheiben in jeden Suppenteller legen, die Suppe darauf geben und Kerbelblättchen darüber streuen.

Tipp:
Der Lachs lässt sich gut dünn schneiden, wenn er noch gefroren ist.

Sächsische Bohnensuppe

Zubereitungszeit: 75 Min.

Pro Portion:
E: 12 g, F: 22 g, Kh: 20 g, kJ: 1429, kcal: 340

- **2 1/4 l Fleisch- oder Gemüsebrühe**
- **750 g Kartoffeln**
- **1,2 kg grüne Bohnen**
- **1 Bund Bohnenkraut**
- **150 g durchwachsener Speck**
- **3 Zwiebeln**
- **200 g Champignons**
- **225–300 g Crème fraîche**
- **150 g Rinder-Saftschinken oder geräucherter Schinken**
- **Salz**
- **frisch gemahlener Pfeffer**
- **4 EL gehackte Petersilie**

1 Brühe in einem großen Topf zum Kochen bringen.

2 In der Zwischenzeit Kartoffeln schälen, waschen, abspülen und in Würfel schneiden. Von den Bohnen die Enden abschneiden, Bohnen evtl. abfädeln, waschen und in Stücke schneiden. Bohnenkraut kalt abspülen.

3 Kartoffeln, Bohnen und Bohnenkraut in die kochende Brühe geben, alles wieder zum Kochen bringen und etwa 15 Minuten kochen lassen. Dann das Bohnenkraut entfernen.

4 In der Zwischenzeit Speck in Würfel schneiden. Zwiebeln abziehen und ebenfalls würfeln. Champignons putzen, mit Küchenpapier abreiben, evtl. abspülen und blättrig schneiden.

5 Speck- und Zwiebelwürfel in einer Pfanne anrösten und mit den Champignons in die Suppe geben.

6 Crème fraîche unterrühren. Schinken in Streifen schneiden ebenfalls in die Suppe geben. Die Suppe mit Salz und Pfeffer würzen und mit Petersilie bestreut servieren.

Tipp:
Binden Sie das Bohnenkraut mit einem Zwirnsfaden zu einem Sträußchen zusammen, so lässt es sich nachher besser entfernen.

Turlu (Türkischer Lamm-Gemüse-Topf)

Zubereitungszeit: 2 Std.

Pro Portion:
E: 28 g, F: 18 g, Kh: 25 g,
kJ: 1696, kcal: 405

- **800 g Lammfleisch (aus der Keule, ohne Knochen)**
- **1 große Dose weiße Bohnen (Abtropfgewicht 500 g)**
- **3 Gemüsezwiebeln (750 g)**
- **2 Fleischtomaten**
- **2 Auberginen (je etwa 250 g)**
- **250 g Kürbisfruchtfleisch**
- **4 Knoblauchzehen**
- **5 EL Olivenöl**
- **400 ml Lammfond**
- **getrockneter Thymian**
- **Salz**
- **frisch gemahlener Pfeffer**

Beilage:
Fladenbrot.

1 Fleisch unter fließendem kalten Wasser abspülen, trockentupfen und in Würfel schneiden. Bohnen in einem Sieb abtropfen lassen.

2 Gemüsezwiebeln abziehen und in Scheiben schneiden. Tomaten waschen, abtrocknen und die Stängelansätze herausschneiden. Auberginen waschen und die Enden abschneiden. Tomaten, Auberginen und Kürbisfruchtfleisch in Würfel schneiden. Knoblauch abziehen und zerdrücken oder durch die Knoblauchpresse geben.

3 Öl in einem ofenfesten, großen Topf oder Bräter erhitzen. Fleischwürfel darin anbraten. Zwiebelscheiben dazugeben und mitbraten.

4 Tomaten-, Auberginen- und Kürbiswürfel hinzufügen. Bohnen hinzugeben und mit Lammfond auffüllen. Mit Thymian, Knoblauch, Salz und Pfeffer würzen und einmal aufkochen lassen. Den Topf (Bräter) mit dem Deckel verschließen und auf dem Rost in den Backofen schieben.

Ober-/Unterhitze:
etwa 200 °C (vorgeheizt)
Heißluft: etwa 180 °C
(nicht vorgeheizt)
Gas: Stufe 3–4 (nicht vorgeheizt)
Garzeit: etwa 60 Min.

Tipp:
Sie können den Lamm-Gemüse-Topf auch auf dem Herd zubereiten. Ihn dann zwischendurch häufiger umrühren.
Nach Belieben zusätzlich noch etwas türkischen Joghurt unterrühren.
Anstelle von Fleisch aus der Keule können Sie auch ausgelöste Lammschulter verwenden.

Lammgyrossuppe

Zubereitungszeit: 80 Min., ohne Durchziehzeit

Pro Portion:
E: 24 g, F: 29 g, Kh: 20 g, kJ: 1952, kcal: 466

- **1 kg Lammfleisch (aus der Keule, ohne Knochen)**
- **4 Knoblauchzehen**
- **6 EL Olivenöl**
- **2 EL Gyros-Gewürzsalz**
- **1 EL getrockneter Oregano**
- **3 kleine Gemüsezwiebeln (600 g)**
- **je 1 rote, gelbe und grüne Paprikaschote**
- **2 mittelgroße Zucchini**
- **1 ½ l Gemüsebrühe**
- **1 Dose Kidneybohnen (Abtropfgewicht 250 g)**
- **1 Dose (400 g) geschälte Tomaten**
- **Salz**
- **frisch gemahlener Pfeffer**
- **Paprikapulver edelsüß**
- **2 Bund glatte Petersilie**

Beilage:
Fladenbrot.

1 Lammfleisch unter fließendem kalten Wasser abspülen, trockentupfen, zuerst in Scheiben, dann in Streifen oder Würfel schneiden und in eine Schüssel geben.

2 Knoblauch abziehen und durch die Knoblauchpresse zu dem Fleisch geben. Mit Öl, Gyros-Gewürzsalz und Oregano mischen und etwas durchziehen lassen.

3 Gemüsezwiebeln abziehen, halbieren, in Streifen schneiden und mit dem Fleisch mischen.

4 Paprikaschoten halbieren, entstielen, entkernen, die weißen Scheidewände entfernen, die Schoten waschen und in Streifen schneiden. Zucchini waschen, abtrocknen, die Enden abschneiden und Zucchini in dünne Scheiben schneiden.

5 Die Fleisch-Zwiebel-Gewürz-Mischung in einem großen, flachen Topf anbraten. Paprikastreifen und Zucchinischeiben hinzufügen und kurz mitdünsten. Gemüsebrühe hinzugießen, alles zum Kochen bringen und etwa 40 Minuten kochen lassen.

6 Kidneybohnen in ein Sieb geben, kalt abspülen und abtropfen lassen. Tomaten mit der Flüssigkeit und Bohnen zu der Suppe geben, alles wieder zum Kochen bringen, mit Salz, Pfeffer und Paprikapulver würzen und noch etwa 10 Minuten ziehen lassen.

7 Petersilie kalt abspülen, trockentupfen, die Blättchen von den Stängeln zupfen und in feine Streifen schneiden. Die Suppe vor dem Servieren damit bestreuen.

Tipp:
Sie können die Suppe auch im Backofen garen. Dazu alle wie oben angegeben vorbereiteten Zutaten (Fleisch unangebraten) in einen Bräter schichten, den Bräter auf dem Rost in den Backofen schieben und die Suppe bei etwa 200 °C (Ober-/Unterhitze, vorgeheizt), etwa 180 °C (Heißluft, nicht vorgeheizt) oder Stufe 3–4 (Gas, nicht vorgeheizt) etwa 75 Minuten garen.

Mallorquinische Kohlsuppe

Foto

Zubereitungszeit: 90 Min.

Pro Portion:

E: 6 g, F: 16 g, Kh: 18 g, kJ: 1036, kcal: 247

- **3 Stangen Porree (Lauch; etwa 500 g)**
- **1 1/2 Bund Frühlingszwiebeln**
- **2 Knoblauchzehen**
- **700 g Tomaten**
- **750–1000 g junger Weißkohl oder Wirsing**
- **5 EL Speiseöl**
- **2 1/4–2 1/2 l Gemüsebrühe**
- **8 Scheiben Weißbrot (vom Vortag)**
- **80 g Butter**
- **Salz**
- **frisch gemahlener Pfeffer**

1 Porree und Frühlingszwiebeln putzen, gründlich waschen und in feine Ringe schneiden. Knoblauch abziehen und in Scheiben schneiden.

2 Tomaten waschen, abtrocknen, die Stängelansätze herausschneiden und Tomaten würfeln. Weißkohl oder Wirsing von schlechten Blättern befreien, den Kohl achteln, den Strunk herausschneiden. Den Kohl waschen und in feine Streifen schneiden.

3 Öl in einem großen Topf erhitzen. Porree- und Frühlingszwiebelringe, Kohlstreifen und Knoblauchscheiben darin andünsten.

4 Gemüsebrühe hinzugießen, alles zum Kochen bringen und 30–45 Minuten zugedeckt garen. Etwa 5 Minuten vor Ende der Garzeit Tomatenwürfel hinzufügen und mitgaren.

5 In der Zwischenzeit Weißbrot in Würfel schneiden. Butter in einer Pfanne erhitzen. Die Weißbrotwürfel darin rösten.

6 Die Suppe mit Salz und Pfeffer würzen. Die Brotwürfel in die Suppe geben.

Fischsoljanka

Zubereitungszeit: 65 Min.

Pro Portion:

E: 19 g, F: 7 g, Kh: 6 g, kJ: 730, kcal: 174

- **400 g Zwiebeln**
- **2 Möhren**
- **200 g Knollensellerie**
- **1 Stange Porree (Lauch)**
- **4 EL Speiseöl**
- **5 EL Tomatenmark**
- **2 l Fischbrühe**
- **200 g Gewürzgurken**
- **2 EL Kapern**
- **Salz**
- **frisch gemahlener Pfeffer**
- **etwas Zucker**
- **600 g Fischfilet, z. B. Kabeljau, Seelachs oder Heilbutt**
- **2 EL gehackter Dill**
- **2 Zitronen (unbehandelt)**
- **150 g saure Sahne**

1 Zwiebeln abziehen, halbieren und in Streifen schneiden. Möhren und Sellerie putzen, schälen, waschen und würfeln. Porree putzen, die Stange halbieren, gründlich waschen und in Streifen schneiden.

(Fortsetzung Seite 84)

2 Öl in einem großen Topf erhitzen. Zwiebelwürfel darin andünsten. Tomatenmark hinzufügen und kurz mitdünsten. Möhren- und Selleriewürfel und Porreestreifen hinzufügen und kurz mit andünsten. Brühe hinzufügen, alles zum Kochen bringen und etwa 15 Minuten garen.

3 Gewürzgurken in Würfel oder Streifen schneiden und mit Kapern unterheben. Die Suppe mit Salz, Pfeffer und Zucker würzen.

4 Fischfilet kurz kalt abspülen, trockentupfen, in kleine Stücke schneiden, in die Suppe geben und in etwa 5 Minuten gar ziehen lassen.

5 Dill unterrühren. Zitronen waschen, trockenreiben und in Scheiben schneiden. Je 1 Scheibe auf jeden Teller geben, die Suppe einfüllen und mit je 1 Teelöffel saurer Sahne servieren.

Ungarische Gulaschsuppe

Zubereitungszeit: 1¾ Std.

Pro Portion:
E: 25 g, F: 24 g, Kh: 8 g, kJ: 1632, kcal: 390

- **800 g Rindergulasch**
- **4 Zwiebeln**
- **4–6 Knoblauchzehen**
- **4 große gelbe Paprikaschoten (je 250 g)**
- **2 große grüne Paprikaschoten (je 250 g)**
- **2 Peperoni**
- **7 EL Speiseöl**
- **Salz, Pfeffer**
- **2 gestr. EL Paprikapulver edelsüß**
- **4 EL Tomatenmark**
- **1½ l Fleischbrühe**
- **250 ml (¼ l) Rotwein**
- **Cayennepfeffer**

1 Gulasch evtl. unter fließendem kalten Wasser abspülen, trockentupfen und evtl. etwas kleiner schneiden. Zwiebeln und Knoblauch abziehen und würfeln.

2 Paprikaschoten halbieren, entstielen, entkernen, die weißen Scheidewände entfernen, die Schoten waschen und in Würfel schneiden. Peperoni halbieren, entstielen, entkernen, waschen und in Streifen schneiden.

3 Öl portionsweise in einem großen Topf erhitzen. Gulasch portionsweise darin von allen Seiten anbraten und mit Salz, Pfeffer und Paprikapulver würzen.

4 Zwiebel-, Knoblauch- und Paprikawürfel und Peperonistreifen zu dem Gulasch geben und mit andünsten.

5 Tomatenmark unterrühren. Brühe und Rotwein hinzugießen und alles 45–60 Minuten kochen lassen.

6 Die Gulaschsuppe kräftig mit Salz, Pfeffer, Paprikapulver und Cayennepfeffer würzen.

Vorbereitungstipp:
Sie können die Suppe bereits einen Tag vor dem Verzehr zubereiten oder die Suppe portionsweise einfrieren.

Serbische Bohnensuppe

Zubereitungszeit: 2 1/2 Std.

Pro Portion:
E: 38 g, F: 14 g, Kh: 26 g, kJ: 1672, kcal: 400

- **1 kg Hohe Rippe vom Rind**
- **1 1/2 l kochende Fleischbrühe**
- **8 Zwiebeln**
- **4 Knoblauchzehen**
- **je 2 rote und grüne Paprikaschoten**
- **2 Stangen Porree (Lauch)**
- **250 g Knollensellerie**
- **1 große Dose (800 g) geschälte Tomaten**
- **1 große Dose weiße Bohnen (Abtropfgewicht 500 g)**
- **Salz**
- **frisch gemahlener Pfeffer**
- **Cayennepfeffer**
- **Paprikapulver rosenscharf**

1 Hohe Rippe unter fließendem kalten Wasser abspülen, in die kochende Fleischbrühe geben, wieder zum Kochen bringen und das Fleisch in 1 1/2–2 Stunden gar kochen lassen.

2 In der Zwischenzeit Zwiebeln und Knoblauch abziehen und würfeln. Paprikaschoten halbieren, entstielen, entkernen, die weißen Scheidewände entfernen, die Schoten waschen und in Streifen schneiden.

3 Porree putzen, die Stangen längs halbieren, gründlich waschen und in Streifen schneiden. Sellerie putzen, schälen, waschen und würfeln.

4 Das gare Fleisch aus der Brühe nehmen und etwas abkühlen lassen. Das vorbereitete Gemüse in die Brühe geben, alles wieder zum Kochen bringen und 10–15 Minuten kochen lassen.

5 Tomaten mit Hilfe einer Gabel in der Dose etwas zerkleinern, mit den weißen Bohnen (beides mit der Flüssigkeit) hinzufügen, wieder zum Kochen bringen und noch 2–3 Minuten kochen lassen.

6 Die Suppe mit Salz, Pfeffer, Cayennepfeffer und Paprikapulver würzen. Das Fleisch würfeln, wieder in die Suppe geben und miterhitzen.

Beilage:
Roggenbrot.

Tipp:
Die Suppe nach Belieben mit Petersilie bestreuen.

Kürbiseintopf

Zubereitungszeit: 2 Std.

Pro Portion:
E: 37 g, F: 26 g, Kh: 18 g, kJ: 2028, kcal: 484

- **2 1/2 l Fleisch- oder Gemüsebrühe**
- **1 kg Rindfleisch (aus der Hüfte)**
- **1–2 Bund Suppengrün**
- **1 kg Tomaten**
- **2 1/2 kg Kürbis**
- **6 Zwiebeln**
- **5 EL Speiseöl**
- **4 EL gehackte Basilikumblättchen**
- **Salz**
- **frisch gemahlener Pfeffer**
- **etwas Zucker**
- **evtl. etwas Essig**

1 Fleisch- oder Gemüsebrühe in einem großen Topf zum Kochen bringen.

2 In der Zwischenzeit Rindfleisch unter fließendem kalten Wasser abspülen. Suppengrün putzen, evtl. schälen und waschen. Rindfleisch und Suppengrün in die kochende Brühe geben. Alles zum Kochen bringen, abschäumen und etwa 75 Minuten kochen lassen.

3 In der Zwischenzeit Tomaten waschen, abtropfen lassen, kreuzweise einschneiden, kurz in kochendes Wasser legen und mit kaltem Wasser abschrecken. Tomaten enthäuten, die Stängelansätze herausschneiden und die Tomaten je nach Größe halbieren oder vierteln.

4 Kürbis halbieren, schälen, die Kerne mit Hilfe eines Löffels herauskratzen und das Fruchtfleisch fein würfeln. Zwiebeln abziehen und in Scheiben schneiden.

5 Öl in einem großen Topf erhitzen. Die Zwiebelscheiben darin andünsten. Die Kürbiswürfel hinzufügen und etwa 5 Minuten mitdünsten lassen.

6 Nach Beendigung der Garzeit das Fleisch aus der Brühe nehmen, etwas abkühlen lassen und in Würfel schneiden. Die Brühe durch ein Sieb gießen, 2 l davon abmessen und zu Zwiebeln und Kürbis in den Topf geben.

7 Tomatenhälften oder -viertel, Rindfleischwürfel und Basilikumblättchen hinzufügen, alles zum Kochen bringen und etwa 5 Minuten kochen lassen.

8 Den Eintopf mit Salz, Pfeffer und Zucker würzen und nach Belieben mit Essig abschmecken.

Beilage:
Bauernbrot.

Abwandlung:
Wenn es keinen frischen Kürbis gibt, können Sie den Eintopf auch mit Zucchini zubereiten. Dann nach Belieben zum Schluss ein Glas Kürbiswürfel in dem Eintopf erhitzen.

Vorbereitungstipp:
Sie können das Fleisch bereits am Vortag bis einschließlich Punkt 2 vorbereiten.

Bohnensuppe mit Tomaten

Zubereitungszeit: 100 Min., ohne Einweichzeit

Pro Portion:
E: 20 g, F: 16 g, Kh: 35 g, kJ: 1530, kcal: 364

- **500 g getrocknete weiße Bohnen**
- **3 l Wasser**
- **2 Stangen Porree (Lauch)**
- **1 1/4 kg mittelgroße Tomaten**
- **5 EL Olivenöl**
- **4 EL Tomatenmark**
- **Salz**
- **getrockneter Thymian**
- **etwas gekörnte Brühe**
- **etwa 10 Tropfen Tabascosauce**
- **8 Wiener Würstchen**

1 Bohnen in Wasser etwa 12 Stunden einweichen. Dann die Bohnen zum Abtropfen in ein Sieb geben, dabei die Einweichflüssigkeit auffangen. Bohnen mit einem Teil der Einweichflüssigkeit (restliche Einweichflüssigkeit aufbewahren) zum Kochen bringen und etwa 40 Minuten kochen lassen.

2 Porree putzen, gründlich waschen, in Ringe schneiden, mit in die Suppe geben und alles noch etwa 15 Minuten garen lassen.

3 Einen Teil der garen Bohnen zerstampfen. Tomaten waschen, abtropfen lassen, kreuzweise einschneiden, kurz in kochendes Wasser legen und mit kaltem Wasser abschrecken. Tomaten enthäuten, die Stängelansätze herausschneiden und das Fruchtfleisch würfeln.

4 Öl in einem großen Topf erhitzen. Tomatenwürfel und Tomatenmark hineingeben und darin andünsten. Die Bohnen mit der Kochflüssigkeit und dem Rest der Einweichflüssigkeit hinzufügen. Alles zum Kochen bringen und etwa 10 Minuten kochen lassen.

5 Die Suppe mit Salz, Thymian, gekörnter Brühe und Tabascosauce würzen. Wiener Würstchen in Scheiben schneiden, in die Suppe geben und erhitzen.

Beilage:
Ciabatta (italienisches Weißbrot).

Tipp:
Schneller geht's, wenn Sie 5 Dosen weiße Bohnen (Abtropfgewicht je 250 g) verwenden und mit dem Porree zusammen in etwa 2,5 l Fleischbrühe etwa 10 Minuten köcheln. Anstelle von Wiener Würstchen können Sie auch kleine, gut gewürzte Mettbällchen in die Suppe geben und etwa 10 Minuten miterhitzen.

Spanische Bauernsuppe

Zubereitungszeit: 80 Min.

Pro Portion:
E: 40 g, F: 21 g, Kh: 22 g, kJ: 1967, kcal: 470

- **600 g Lammfleisch (aus der Keule, ohne Knochen)**
- **1 Gemüsezwiebel**
- **3 EL Olivenöl**
- **Salz**
- **frisch gemahlener Pfeffer**
- **getrockneter Oregano**
- **getrocknetes Bohnenkraut**
- **1 l Gemüsebrühe**
- **2 Stangen Porree (Lauch)**
- **etwa 400 g Wirsing**
- **2 Dosen weiße Bohnen (Abtropfgewicht je 250 g)**
- **1 große Dose (800 g) geschälte Tomaten**
- **3–4 Chorizo (spanische Knoblauchwürste)**
- **2 EL in Streifen geschnittene, glatte Petersilie**

1 Lammfleisch unter fließendem kalten Wasser abspülen, trockentupfen und in Würfel oder Streifen schneiden. Gemüsezwiebel abziehen, vierteln und in Streifen schneiden.

2 Öl in einem Topf erhitzen. Die Fleischwürfel oder -streifen von allen Seiten darin anbraten. Zwiebelstreifen hinzufügen und mitdünsten. Mit Salz, Pfeffer, Oregano und Bohnenkraut bestreuen. Mit der Hälfte der Gemüsebrühe auffüllen, alles zum Kochen bringen und etwa 40 Minuten garen.

3 In der Zwischenzeit Porree putzen, die Stangen längs halbieren, gründlich waschen, abtropfen lassen und in Streifen schneiden. Vom Wirsing die groben äußeren Blätter lösen, den Wirsing vierteln und den Strunk herausschneiden. Den Wirsing abspülen, abtropfen lassen und in Streifen schneiden. Bohnen in einem Sieb abtropfen lassen.

Vorbereitungstipp:
Sie können die Suppe bis einschließlich Punkt 2 am Vortag vorbereiten. Das Gemüse ebenfalls vorbereiten und kühl aufbewahren.

4 Porree- und Wirsingstreifen, Bohnen und Tomaten mit der Flüssigkeit zusammen mit der restlichen Brühe in die Suppe geben, alles zum Kochen bringen und noch etwa 15 Minuten garen.

5 Knoblauchwürste in Scheiben schneiden, in die Suppe geben und kurz miterhitzen. Die Suppe mit Petersilie bestreut servieren.

Tipp:
Nach Belieben zusätzlich 4 Knoblauchzehen abziehen, durch die Knoblauchpresse geben und zusammen mit den Zwiebelwürfeln andünsten. Anstelle der Chorizo können Sie auch Rauchenden (Mettwürstchen) oder Salamiwürfel verwenden.

Alphabetisches Register

Themenregister

Suppen mit Fleisch

Suppen mit Fisch

Vegetarische Suppen

Suppen mit Schuss

In dieser Reihe sind bisher außerdem erschienen: *Partysalate* und *Partysnacks*. Sie erhalten diese Bücher im Buchhandel.

Umwelthinweis Dieses Buch und der Einband wurden auf chlorfrei gebleichtem Papier gedruckt. Die Einschrumpffolie – zum Schutz vor Verschmutzung – ist aus umweltfreundlichem und recyclingfähigem PE-Material.

Wenn Sie Rezeptanregungen, Vorschläge oder Fragen zu unseren Büchern haben, rufen Sie uns unter folgender Nummer an (05 21) 1 55 25 80 oder 52 06 45 oder schreiben Sie uns:
Dr. Oetker Verlag KG, Redaktion, Am Bach 11, 33602 Bielefeld.

Redaktion Eva-Maria Dammeier

Fotos
Titelfoto Thomas Diercks, Hamburg

Innenfotos Bernd Lippert, Bielefeld
Thomas Diercks, Hamburg
Norbert Toelle, Bielefeld
Ulli Hartmann, Bielefeld

Rezeptentwicklung und -beratung Gerhard Ruhle, Hamburg
Mechthild Plogmaker, Bielefeld
Annette Elges, Bielefeld

Grafisches Konzept Björn Carstensen, Hamburg
Gestaltung MDH Haselhorst, Bielefeld
Einbandgestaltung KonturDesign GmbH, Bielefeld

Reproduktionen Kruse Reproduktionen GmbH, Vreden
Satz JUNFERMANN Druck & Service, Paderborn
Druck MOHN Media • Mohndruck GmbH, Gütersloh

Die Autoren haben dieses Buch nach bestem Wissen und Gewissen erarbeitet. Alle Rezepte, Tipps und Ratschläge sind mit Sorgfalt ausgewählt und geprüft. Eine Haftung des Verlages und seiner Beauftragten für alle erdenklichen Schäden an Personen, Sach- und Vermögensgegenständen ist ausgeschlossen.

ISBN 3–7670–0612–X